Dr. Jörg Zittlau

Kochen mit Gewürzen

Raffinierte Gerichte aus aller Welt

BELLAVISTA

Inhalt

Chilischoten beim Trocknen. Die schlanken Früchte gibt es in den verschiedensten Schärfegraden.

Gewürze waren – und sind es heute noch – eine Domäne des Orients. Aus arabischen und asiatischen Ländern kommt eine Vielzahl der Mittel, mit denen wir unsere Speisen verfeinern.

Gewürze – gesunde Gaumenfreude

Die Vielseitigkeit von Gewürzen wird noch immer unterschätzt. Das Lexikon erwähnt lediglich, dass ihr »pikanter oder aromatischer Geschmack den Charakter einer Speise betont«, ihre Heilkraft wird jedoch nicht erwähnt. Dabei waren die Gewürze für ihre heilende Wirkung bekannt, lange bevor sie ihren Platz in den Küchen der Welt einnahmen.

Immer noch unterschätzt

Wenn es um die Vorbeugung und Heilung von Krankheiten geht, greifen viele eher in den Medizin- als in den Gewürzschrank. Heilkräuter oder Bach-Blütenextrakte werden zwar zunehmend beliebter, doch das heilende Potenzial von Gewürzen ist fast unbekannt.

Dabei beginnt die jahrtausendealte Geschichte der Gewürze eigentlich mit ihrer Bedeutung als Heilmittel. Lange bevor Würzpflanzen zum Kochen eingesetzt wurden, waren sie für die Ärzte im alten Indien und China als wertvolle Heilsubstanzen unentbehrlich.

Heute sind die Wirkungen der Inhaltsstoffe, die sich in Gewürzen finden, längst erforscht und lassen keine Zweifel an ihrer Heilkraft mehr offen. Dennoch stehen Pfeffer, Paprika, Ingwer und Co. keinesfalls im Ruf, wirksame Medikamente zu sein. In einigen Diätprogrammen wird fälschlicherweise sogar ausdrücklich von ihnen abgeraten, was nicht unbedingt zu ihrem gesundheitsfördernden Image beiträgt.

Medizinische Aspekte spielten früher bei den Gewürzen eine tragende Rolle. Erst im antiken Rom begann man schließlich mit Gewürzen Speisen zu verfeinern.

Breites Spektrum

Um die ganze Vielfalt der Gewürze ausschöpfen zu können, muss man sich mit ihren spezifischen Eigenheiten vertraut machen. Dazu gehören ein Grundwissen über die wichtigsten Inhaltsstoffe und ihre medizinische Wirkung wie auch praktische Kenntnis im Umgang mit Gewürzen.

Gewürze schmecken und sind gesund. Sie sind auch imstande, viele Krankheiten zu heilen. Wunder darf man sich von ihnen jedoch nicht erwarten. Ebenso wenig können sie ärztlichen Rat oder therapeutische Möglichkeiten der modernen Medizin ersetzen.

Nur bei richtigem Einkauf, richtiger Lagerung und Dosierung können Gewürze ihr heilendes Potenzial ganz entfalten. Ebenso bedeutsam ist es, welche Gewürze miteinander kombiniert werden können und welche nicht. Die indische und asiatische Küche kennt zudem spezielle Würzmischungen, die hierzulande oft als gesondertes Gewürz angeboten werden. Der scharfe, gelbfärbende Curry ist beispielsweise kein indisches Gewürz – obwohl er immer wieder als solches verkauft wird –, sondern eine Mischung, die aus mindestens sechs unterschiedlichen Würzpflanzen besteht und in ihrer Schärfe auch variabel ist.

Gesunde Küche

Gewürze allein können – auch wenn man sie regelmäßig verwendet – in schweren Krankheitsfällen keine Medikamente ersetzen. Dennoch vermögen sie sowohl äußerlich als auch innerlich Therapien zu unterstützen. Aus manchen Würzpflanzen lassen sich beispielsweise wertvolle Teeaufgüsse zubereiten.

Herausragende Bedeutung kommt in jedem Fall ihren meist hohen Mineral- und Vitaminwerten zu. Wer Gewürze in seinen Speiseplan einbaut, versorgt den Körper mit lebenswichtigen Substanzen. Und durch ihren angenehmen Geschmack tragen sie nicht zuletzt zu einer Steigerung des psychischen Wohlbefindens bei.

Kleine Gewürzgeschichte

Bis heute ist nicht eindeutig geklärt, wo genau die Ursprünge von Anbau und Verwendung der Gewürze liegen. Fest steht jedenfalls, dass Gewürze anfangs als Medizin für die Menschen bedeutender waren denn als Geschmacksbereicherung zu ihren Mahlzeiten. In der über 5000 Jahre alten indischen Heilkunst spielen Gewürze noch heute eine entscheidende Rolle.
Aber auch der Papyrus Ebers, eine medizinische Schrift aus der Zeit um 1550 v. Chr., berichtet über die heilende Wirkung der im damaligen Ägypten bekannten Würzpflanzen. Anis, Kümmel, Kardamom, Myrrhe, Senf und Sesam, um nur einige zu nennen, wurden nicht nur zu Speisen, sondern auch zum Einbalsamieren, zur Körperpflege und zur Desinfektion benutzt.

In der Antike und im Mittelalter lernten die Menschen die Heilkraft der Gewürzkräuter über ihre Verwendung in der Küche kennen. Labors gab es damals nicht – wo sonst als in der Küche sollten sie ihre medizinischen Einsichten sammeln?

Gewürze in der Antike

Die Griechen der Antike schätzten Gewürze als Heilmittel für die unterschiedlichsten Erkrankungen. Durch Alexander den Großen hatten sie das Gewürzhandelsmonopol von den Phöniziern erobert und kamen damit auch an fernöstliche Würzpflanzen wie Ingwer und den damals in Europa noch unbekannten Pfeffer.
Der berühmte griechische Arzt Hippokrates (460–377 v. Chr.) führte eine ganze Reihe von Gewürzen in seinem Heilpflanzensortiment. Medizinhistoriker behaupten sogar, dass er und Empedokles (490–430 v. Chr.) ihre Lehre, wonach die vier Elemente Feuer, Wasser, Luft und Erde zum Erhalt der Gesundheit ins Gleichgewicht gebracht werden müssten, aus Beobachtungen in der Küche abgeleitet hätten.

Der Weg zum eigentlichen Gewürz

Im antiken Rom ließ das Wissen um die gesundheitliche Bedeutung der Gewürze allmählich nach. Die Römer erfreuten sich eher am sinnlichen Genuss und gingen mehr der praktischen Erfahrung denn philosophisch-medizinischen Reflexionen nach. Sie waren schließlich die Ersten, die Gewürze im großen Stil anbauten und auch importierten.

Karl der Große verfügte, dass etwa 70 Kräuter und Gewürzpflanzen auf allen kaiserlichen Gütern anzupflanzen seien. Er war der festen Überzeugung, damit etwas Gutes für die Gesundheit seiner Untertanen zu tun.

Nun wurden Würzpflanzen vor allem in der Küche eingesetzt. Daran sollte sich auch in den folgenden Jahrhunderten nicht viel ändern. Nachdem die Römer ihre Vormachtstellung im Gewürzhandel verloren hatten, sollte es bis zum Mittelalter dauern, bis auch die mitteleuropäische Küche Gewürze für sich entdeckte.

Gewürze im Europa der Neuzeit

Gegen Ende des 14. Jahrhunderts konnte eine gut betuchte Pariser Hausfrau von Berufsköchen pikante Würzsaucen kaufen. Beliebt waren etwa »ein Quart Cameline« für das Mittagessen oder »ein Quart Senf« für das Abendessen.

Noch zählten Gewürze zu den Luxusgütern. Sie waren sündhaft teuer, mussten von weither importiert werden, und die Handelsmonopolisten Venedig, Genua und Arabien ließen sich ihre Ware teuer bezahlen.

Im Jahr 1498 schließlich erreichten portugiesische Seefahrer auf dem Seeweg Kalikut, die damals wichtigste Hafenstadt der indischen Westküste. Sie kehrten nicht nur mit Gewürzen und Diamanten in die Heimat zurück, sondern auch mit bereits geknüpften Handelsbeziehungen.

Damit eröffneten sich für den europäischen Gewürzhandel ganz neue Perspektiven. Zwar kam es zwischen

Wo der Pfeffer wächst: Nach wie vor ist in vielen orientalischen Ländern der Gewürzhandel ein wichtiger volkswirtschaftlicher Faktor.

Arabern, Venezianern, Portugiesen, Spaniern und Holländern noch zu Streitigkeiten um die Vorherrschaft auf dem Markt, doch Konkurrenz belebte schon damals das Geschäft: Die Preise sanken.

Die Situation heute

Das große Geld lässt sich heute mit dem Gewürzhandel nicht mehr machen, dazu ist das Angebot zu vielfältig. Gleichwohl spielt er für die – in der Regel armen – Herstellerländer nach wie vor eine entscheidende Rolle.

Für die meist armen Herstellerländer stellt der Gewürzhandel auch heute noch eine wichtige Einnahmequelle dar.

Heute kommt der Löwenanteil aller Gewürze aus Indien, erst mit weitem Abstand folgen Indonesien, Brasilien und Madagaskar. Zu den Hauptimporteuren gehören die USA, Japan, Deutschland und Frankreich. Besonders gefragt sind Pfeffer, Paprika, Kümmel, Muskatnuss und Zimt.

Am häufigsten werden Gewürze in der außereuropäischen Küche eingesetzt. Extrakte oder Inhaltsstoffe mancher Gewürze finden auch den Weg in die Pharmalabors, wo sie zu Medikamenten verarbeitet werden.

Die Gewürzstraße

Seit Urzeiten haben Menschen das Bedürfnis, Handel miteinander zu treiben. Über den Austausch begehrter Waren sind sich Kulturen und Völker näher gekommen. Seit dem Mittelalter existierten rege Handelsverbindungen zwischen Europa, dem damaligen Abendland, und dem als Morgenland bekannten fernen Osten.
Die berühmte Seidenstraße aus dieser Zeit zählte zu den wichtigsten Karawanenwegen. Auf der etwas südlicher verlaufenden Gewürzstraße transportierte man Duftessenzen, Weihrauch, Arzneimittel, Kosmetika und eben Gewürze von China und Indien nach Europa.

Erste Blütezeit

Seinen ersten wirtschaftlichen Höhepunkt erreichte der Gewürzhandel Mitte des 15. Jahrhunderts. Die Großmacht Venedig und die Seerepublik Genua teilten sich das Importmonopol. Gewürze waren im damaligen Europa sehr gefragt und galten als Luxusgüter. Mit ihrer Einfuhr erzielten die Kaufleute teilweise astronomische Gewinne.
Knapp 300 Gewürzsorten waren damals bekannt. Allerdings verstand man unter Gewürzen nicht nur die Speisewürzmittel, sondern auch Arzneien, Duftessenzen für Parfüms, Salben, Farbstoffe und Kosmetika. Große Nachfrage bestand nach schwarzem Pfeffer, Muskatnuss und Zimt, das begehrteste Gewürz jedoch war die Gewürznelke.

Handelsrouten

Die Würzpflanzen kamen, ähnlich wie heute, vorwiegend aus Indien. Der Pfeffer wurde an Indiens Westküste und in Sumatra angebaut, der Zimt stammte aus dem heutigen Sri Lanka. Die Gewürznelken schließlich wuchsen auf den Molukken.
Die Khane der Mongolen und arabische Kaufleute organisierten den Landtransport der begehrten Essenzen mit Kamel- und Eselskarawanen bis nach Konstantinopel und Alexandria, den beiden Hauptumschlagplätzen. Von dort transportierten venezianische Schiffe die Säcke nach Mitteleuropa. Aus den Chroniken geht hervor, dass ein Kaufmann auch dann noch Gewinn machte, wenn er von sechs Schiffsladungen fünf verlor und nur eine verkaufte.

Das Bild der Welt um 1550. Damals war bei vielen Karten der Norden noch unten und der Süden oben.

Vasco da Gama

Portugal machte den Venezianern Konkurrenz, nachdem Vasco da Gama 1498 den Seeweg nach Indien entdeckt hatte. Die Portugiesen trieben regen Handel mit Indien und China und importierte die heiß begehrten Gewürze, Edelsteine und Seide.

Die geschädigten Venezianer brachten daraufhin das Gerücht in Umlauf, dass Gewürze auf den portugiesischen Schiffen leicht verdarben, und erhoben schließlich 1519 einen Zoll auf alle von Westen – also von Portugal und Spanien – importierten Gewürze.

König Manuel I. von Portugal konnte das Gewürzimperium nur noch mit Mühe auf seiner einstigen Höhe halten. Bis ins 18. Jahrhundert lag der Handel mit den exotischen Würzpflanzen vorwiegend wieder in Händen italienischer, arabischer und chinesischer Kaufleute. Im 19. Jahrhundert übernahm die Kolonialmacht England den Gewürzexport aus Indien und China.

Vasco da Gama, der portugiesische Seefahrer.

Die Heilkraft von Gewürzen

Heilkräuter wie Ringelblume, Johanniskraut oder Blutwurz sind mittlerweile in der Medizin fest etabliert. Doch ein Blick auf die Liste der gängigen Heilpflanzen zeigt, dass sich unter ihnen auch viele Gewürze finden: Man denke nur an Anis, Kümmel und Thymian, die sowohl als Teeaufguss wie auch zu Speisen beliebt sind.
Die Pharmaindustrie stellt nicht nur die hinlänglich bekannten Knoblauch-, Salbei-, Thymian- und Rosmarinpräparate her, sondern verarbeitet auch andere Gewürze. Basilikum beispielsweise kommt in Magentropfen gegen Reizmagen und Blähungen, Fenchelsamen finden sich in über 60 Teemischungen gegen Verdauungsbeschwerden sowie in unzähligen Hustensaftpräparaten für Kinder. Kurkumapräparate sind bei Gallenblasenbeschwerden angezeigt, und Ingwer zählt zu den Bestandteilen der Medikamente gegen Reisekrankheit.

Die Wirkung der Gewürze beruht hauptsächlich auf ihren sekundären Inhaltsstoffen. Frischkräuter wie Petersilie und Dill spielen aber auch für die Vitaminversorgung eine wichtige Rolle.

Gewürze und ihre Vitamine

Wie bei anderen Pflanzen findet man auch in den Würzpflanzen eine breite Palette an Vitaminen und Mineralien. In Frischkräutern wie Beifuß, Dill, Kresse und Liebstöckel konnten beachtliche Werte an Vitamin C nachgewiesen werden. Absoluter Spitzenreiter ist dabei die Petersilie mit 166 Milligramm auf 100 Gramm.
Vitamin C zählt zu den unentbehrlichen Biostoffen für unser Immunsystem, es wirkt außerdem oxidationshemmend und damit vorbeugend auf das Wachstum von Krebszellen. Neueste Forschungen ergaben, dass größere Mengen an Vitamin C auch den unheilvollen Verlauf von Arteriosklerose stoppen können. Andere Gewürzpflanzen wie Safran und Estragon enthalten größere Mengen an B-Vitaminen, die vor allem für den

Stoffwechsel, die Haut und das Gehirn benötigt werden. Besonders häufig vertreten sind die beiden B-Vitamine Folsäure und Riboflavin.

Doch auch wenn Gewürze mitunter hohe Vitaminwerte aufweisen können, spielen sie als Vitaminversorger eine zweitrangige Rolle. Die meisten Vitamine gehen nämlich beim Lagern verloren. Nur die Frischkräuter unter den Gewürzen können den Körper mit wertvollen Vitaminen in ausreichendem Maß versorgen. Sie verlieren an Bedeutung, wenn sie bei der Essenszubereitung mitgekocht werden. Die meisten Vitamine – vor allem Vitamin C – sind extrem hitzeempfindlich.

Der Geruchssinn ist unser ältester Sinn. Das bedeutet, dass er in direktem Kontakt zu jenen Teilen unseres Gehirns steht, die am ersten entstanden. Damit spielt er auch bei den Steuerungsvorgängen im Körper eine Rolle. Hierin liegt der mögliche große therapeutische Nutzen der Gewürze.

Gewürze und ihre Mineralien

Anders verhält es sich bei den Mineralien. Gewürze enthalten große Mengen an Magnesium, Mangan, Kalzium, Eisen, Fluor und Jod, deren Werte auch beim Kochen weitgehend erhalten bleiben. Da sie jedoch nur in ganz geringen Mengen auf die Speisen gestreut werden, können sie allein die Mineralversorgung des Körpers nicht ganz abdecken.

Gewürze in der Aromatherapie

Ihre heilende Wirkung entfalten Gewürze auch in der Aromatherapie. Die Gewürzduftstoffe sprechen unseren Geruchssinn an und lösen damit eine Sinneswahrnehmung aus, die ganz tief in unser Unbewusstes und damit auch in unsere psychophysischen Steuerungszentren vordringt.

Die Duftstoffe werden zudem sofort über die Nasen- und Bronchialschleimhaut aufgenommen und gelangen somit über die Blutbahn direkt zu den erkrankten Organen.

Die Anzahl der wirklich wichtigen Mineralienlieferanten beschränkt sich daher auf Würzkräuter wie Petersilie, Dill, Liebstöckel und Kresse.

Die sekundären Inhaltsstoffe

In der freien Natur machen die sekundären Inhaltsstoffe die Gewürzpflanze für viele Tiere ungenießbar und bieten ihr somit Schutz vor Insektenfraß. Dem Menschen hingegen dienen sie zur Erhaltung der Gesundheit.

Hauptverantwortlich für Aroma, Geschmack und die medizinischen Wirkungen der Gewürze sind die so genannten sekundären Pflanzeninhaltsstoffe. Diese besitzen keinen Nährwert und gehören auch nicht zu den Mineralien, Vitaminen und Ballaststoffen.

Hauptvertreter der sekundären Gewürzinhaltsstoffe sind Terpene und andere Bestandteile ätherischer Öle. Sie unterstützen in der Regel die Verdauung, viele von ihnen vermögen die Muskeln in Unterleib, Darm und Magen zu entkrampfen. Einige von ihnen besitzen darüber hinaus auch antibiotische, Cholesterin senkende und entzündungshemmende Wirkungen. Der Star unter den Terpenen ist das Karvon des Kümmels, das in mehreren Labors seinen hemmenden Effekt auf Magen-, Brust- und Lungenkrebs eindrucksvoll unter Beweis stellen konnte.

Zu den weiteren sekundären Inhaltsstoffen zählen Flavonoide und Karotinoide. Auch sie wirken antibiotisch und entzündungshemmend. Karotinoide bilden darüber hinaus zum überwiegenden Anteil die Vorstufe zu Vitamin A. Außerdem hemmen sie die Entwicklung von Arteriosklerose und ihren Folgeerkrankungen wie Schlaganfall und Herzinfarkt.

Im Knoblauch finden sich Sulfide mit antibiotischer und blutgerinnungshemmender Wirkung, in der Kresse sind es Senföle, die ihre antibiotische Wirkung vor allem in den Harnwegen entfalten. Die Ingwerwurzel schließlich beeindruckt durch den Wirkstoff Gingerol, der ähnliche Eigenschaften wie das Aspirin® besitzt.

BESCHWERDEN UND HILFREICHE HEILGEWÜRZE	
Abwehrschwäche	Beifuß, Dillkraut, Kresse
Allergien	Schwarzkümmel
Appetitmangel	Beifuß, Ingwer, Koriander, Majoran
Arteriosklerose	Gewürznelke, Knoblauch, Kresse
Blähungen	Ingwer, Majoran, Salbei, Schwarzkümmel
Blasenschwäche	Petersilie
Blutdruck, hoch	Ingwer, Knoblauch, Petersilie
Blutdruck, niedrig	Rosmarin, Zimt
Bronchitis	Gewürznelke, Knoblauch, Kresse, Thymian
Darminfektionen	Basilikum, Thymian, Zimt
Durchfall	Anis, Fenchelsamen, Gewürznelke, Majoran
Erschöpfung	Bockshornklee, Rosmarin
Furunkel	Bockshornklee
Gallensteine	Majoran
Gicht	Dillkraut, Liebstöckel
Halsentzündung	Kapern, Salbei, Thymian
Hautentzündung	Dillkraut
Heiserkeit	Bockshornklee, Zimt
Herz-Kreislauf-Schwäche	Rosmarin, Zimt
Husten	Anis, Fenchelsamen, Gewürznelke, Kresse
Insektenstiche	Petersilie
Konzentrationsschwäche	Beifuß, Pfefferminze
Kopfschmerzen	Gewürznelke, Koriander, Pfefferminze
Magenschleimhaut-entzündung	Ingwer, Majoran, Salbei
Menstruationsschmerzen	Kreuzkümmel, Petersilie
Mundgeruch	Anis, Dillsamen, Kümmel
Nervosität	Dillsamen, Majoran
Pilzinfektionen	Beifuß, Kurkuma
Schnupfen	Ingwer, Kapern, Kresse, Salbei, Thymian
Verstopfung	Knoblauch
Zahnschmerzen	Gewürznelke

Gewürze von A bis Z

Gewürze verfeinern unsere Speisen und Getränke und machen sie bekömmlicher. Als aromatische Zutaten steigern sie den sinnlichen Genuss beim Essen und tragen damit zu erhöhtem Wohlbefinden bei. Dennoch wird oft übersehen, dass viele Küchenkräuter und Würzpflanzen auch Heilkräuter sind und als solche einen wertvollen Beitrag zur Erhaltung unserer Gesundheit liefern können.

Gesundes darf schmecken

Eines steht fest: Wer gekonnt zu würzen versteht, dient auch der Gesundheit. Doch schon zu Großmutters Zeiten war man der Meinung, dass Gesundes auf keinen Fall munden dürfe. Heilkräuter nahm man widerwillig und nur im Krankheitsfall zu sich, ohne ihr aromatisches Potenzial zu würdigen. Ganz nach dem Motto: »Was hilft, schmeckt bitter«. Dieses Vorurteil hat sich leider bis heute gehalten. Dabei verfügen Würzpflanzen nicht nur über vielfältige heilende Substanzen, sondern sie vermögen auch unseren Gaumen zu verwöhnen.

Gewürze verleihen Speisen und Getränken eine besondere Note. Aber auch als praktische Hausmittel sind sie vielseitig verwertbar.

Im folgenden Kapitel werden die heilenden Eigenschaften sowie die medizinischen und kulinarischen Anwendungsmöglichkeiten von 30 bekannten Küchengewürzen vorgestellt. Die heilende Wirkung vieler Gewürze ist wissenschaftlich inzwischen gut dokumentiert. Hippokrates und Hildegard von Bingen führten Würzpflanzen in ihrem Arzneiensortiment, in den Küchen der Welt haben sie sich als unentbehrliche Zutaten für die feinsten Köstlichkeiten etabliert.

Anis

Art und Herkunft

Der Überlieferung nach wurden Anissamen bereits vor über 4000 Jahren von den Ägyptern verwendet. Ihre Beliebtheit breitete sich bis nach Indien aus. Alexander der Große machte diese Kulturpflanze zu guter Letzt wieder im Mittelmeerraum heimisch.

Anis ist eine Pflanze mit ätherischen Ölen aus der Familie der Doldengewächse. In Indien kaut man noch heute ganze Anissamen, um geistig und körperlich frisch zu bleiben.

Heilende Substanzen

Anissamen bestehen aus fetten und ätherischen Ölen, unter denen vor allem das Anethol hervorsticht. Dieser süßliche Naturstoff ist für den typischen Anisgeruch verantwortlich.

Die ätherischen Öle werden in der Lunge wirksam und leisten dort einen wichtigen Beitrag zur Reinigung des Atemwegsystems. Bronchialsekrete werden beispielsweise verflüssigt, wodurch das Abhusten erleichtert wird. Im Darmbereich wirken die Anisöle, ähnlich wie Fenchelsamen, krampflindernd und leicht entzündungshemmend.

In der Volksmedizin wird Anis gerne eingesetzt, um die Milchbildung stillender Frauen anzuregen.

Anis in der Gewürzküche

Mit seinem ausgeprägten süßen Aroma verträgt sich Anis zwar nicht mit Fleisch- und Fischgerichten, passt aber ausgezeichnet zu Salaten, Nachspeisen und Backwaren. Vorsicht: Je nach Rezept kann der mancherorts als süßer Kümmel bezeichnete Anis deutlich nach Lakritze schmecken! Salate mit Roter Bete oder Rotkohl lassen sich ebenso mit Anissamen verfeinern wie Zwetschgen- und Pflaumenmus. Süßlichen Reisgerichten verleiht er eine besondere Note.

Mit Anissamen können weiterhin vielerlei Back- und Süßspeisen gewürzt werden; von Zwieback und Broten über Plätzchen und Vollkornplätzchen bis hin zu Kuchen. Auch Pfeffernüsse, Lebkuchen, Printen und Honigkuchen können mit Anis geschmacklich bereichert werden.

Nicht zu vergessen ist schließlich die Verwendung von Anis bei der Herstellung von alkoholischen Getränken. Man findet ihn in Likören wie dem griechischen Ouzo und dem französischen Pernod.

Wer auf den Alkohol verzichten und Anis trotzdem flüssig genießen möchte, kann im Mörser zerkleinerte Anissamen mit siedendem Wasser überbrühen und damit einen köstlichen Tee zubereiten.

Anis wirkt beruhigend und aggressionshemmend. Deshalb empfehlen sich anisreiche Speisen als Beigabe zu Gesprächen mit reichlich Konfliktstoff.

Der besondere Tipp

Kaufen Sie nur ganze Anisfrüchte, und mahlen Sie sie erst unmittelbar vor dem Gebrauch! Bereits fertig gemahlene Samen verlieren nämlich sehr rasch ihr unvergleichliches Aroma. Im Handel erhält man deutschen und asiatischen Anis, der Letztere ist etwas strenger im Geschmack.

Die kleine Gewürzapotheke

Anis eignet sich zur Vorbeugung und Heilung von

- Blähungen
- Dreimonatskoliken bei Babys
- Durchfall
- Husten
- Mundgeruch
- Magenkrämpfen

Basilikum

Art und Herkunft

Das Basilikumkraut stammt ursprünglich aus Indien. Seinen Namen verdankt es dem griechischen Wort für König, Basileus, es ist also das Kraut der Könige.
Basilikum ist eine Pflanze mit ätherischen Ölen aus der Familie der Lippenblütler. In Deutschland werden inzwischen vier Sorten Basilikum gezüchtet, die sich vorwiegend in ihrer Blattgröße unterscheiden. Basilikum lässt sich auch auf dem Balkon anpflanzen.

Die ätherischen Öle des Basilikums wirken in hohem Maß antibiotisch. Außerdem lindern sie Verkrampfungen im Unterleib sowie Menstruationsbeschwerden.

Heilende Substanzen

Basilikum ist reich an ätherischen Ölen, hauptsächlich Estragol und Linalool. Diese Öle wirken ausdrücklich antibiotisch und bieten somit einen wirksamen Schutz vor schädlichen Bakterien.
Darüber hinaus enthält die Pflanze große Mengen an Gerbstoffen, Eisen, Kalzium, Kalium, Magnesium und Karotinoiden.
100 Gramm enthalten 7,3 Milligramm Eisen. Damit zählt Basilikum zu den wichtigsten Lieferanten dieses Spurenelements. Eisen ist vor allem für die Blutbildung notwendig.

Die kleine Gewürzapotheke

Basilikum eignet sich zur Vorbeugung und Heilung von

- Blähungen
- Blutarmut
- Darminfektionen
- Heuschnupfen
- Osteoporose
- Tränenden Augen
- Unterleibskrämpfen
- Wadenkrämpfen

Der hohe Kalziumanteil wiederum fördert das Knochenwachstum und ist für Kinder sowie für Osteoporosekranke besonders wichtig. Sein Magnesiumgehalt stärkt die Nerven und macht das Basilikum zu einem beliebten Heilmittel bei Muskelkrämpfen und Pollenallergien.
Mit seinem hohen Anteil an Karotinoiden versorgt Basilikum schließlich den Stoffwechsel mit Vitamin A, das für die Augen und Schleimhäute so wichtig ist. Karotinoide vermindern außerdem die so genannten freien Radikale in der Blutbahn und können damit das Krebsrisiko senken.

Basilikum in der Gewürzküche

Es gibt kaum ein Gericht, das man nicht mit Basilikum würzen könnte. Zwischen den Fingern zerrieben, entfaltet es zunächst ein Melissenaroma, dann erinnert sein Duft an Gewürznelken. Basilikum schmeckt etwas scharf und säuerlich, die besondere Note liegt in seinem pfeffrig-kühlen Aroma.
Mit frischen oder getrockneten Basilikumblättern lassen sich Fisch- und Fleischgerichte sowie Geflügel, Rohkost und Gemüse verfeinern. Besonders gut verträgt es sich mit Tomaten. Außerdem wird es in Kräuterbutter und Saucen und gerne zu Joghurt, Quark und Sauerkonserven verwendet. Basilikum kann mit anderen Gewürzen kombiniert werden, wobei es in seiner Eigenschaft als Scharfmacher so manche Pfefferbeimengung überflüssig macht.
Kaufen Sie Basilikum wenn möglich frisch, dann schmeckt es am besten. Die getrockneten Blätter besitzen in der Regel nur noch wenig Würzkraft.

Basilikum ist ein Universalgewürz, das man für fast jedes Gericht verwenden kann. Am häufigsten wird es in der italienischen und griechischen Küche eingesetzt.

Beifuß

Art und Herkunft

Fußbäder mit Beifuß helfen gegen Fußpilz. Dazu werden Zweigspitzen, Blätter und Stängel mit heißem Wasser überbrüht.

Früher wurde kaum eine Gans oder Ente ohne den würzigen Beifuß gebraten. Das bittere Kraut war sehr beliebt, um den Speisen mehr Frische zu verleihen und sie bekömmlicher zu machen.

Der Beifuß ist eine Pflanze mit ätherischen Ölen und gehört zur Familie der Korbblütler. Heute ist diese Würzpflanze in den Küchen leider etwas in Vergessenheit geraten – zu Unrecht, denn kaum ein anderes Gewürz entfaltet schon bei niedriger Dosierung eine derart intensive Geschmacksnote.

Heilende Substanzen

Beifuß ist reich an Gerb- und Bitterstoffen sowie an ätherischen Ölen und Vitaminen. Die Bitterstoffe regen den Appetit sowie den Speichel-, Magensaft- und Gallenfluss an, die Gerbstoffe wirken sich positiv auf den Verdauungsapparat aus und helfen fette Speisen leichter zu verdauen. Seine ätherischen Öle wirken zusammen mit den Flavonoiden antibiotisch. Darüber hinaus vermag Beifuß das Wachstum von Pilzen zu hemmen.

Das Kraut ist reich an Fluor, dem zahnschmelzhärtenden Mineral, sowie an Karotinoiden. Letztere stärken das Immunsystem und bekämpfen die freien Radikale. Des Weiteren findet sich im Beifuß eine hohe Konzentration an Folsäure. Dieses B-Vitamin wird vor allem für den Gehirnstoffwechsel benötigt und ist besonders wichtig für Säuglinge, Kinder in der Pubertät, schwangere und stillende Frauen.

Beifuß in der Gewürzküche

Beifuß ist im Volksmund auch als Gänsekraut bekannt. Wie schon der Name sagt, hat man es früher häufig zum Würzen von Gänsebraten eingesetzt. Das Gewürz passt aber auch zu anderen Fleischspeisen mit hohem Fettgehalt, wie etwa Schweinebraten, Schweineschnitzeln und Rindersteaks. Für Schlachtplatten ist es hingegen weniger geeignet.

Eine besondere Delikatesse stellen mit reichlich Beifuß gewürztes Schmalzbrot sowie Gemüse dar. Ganz hervorragend passt Beifuß schließlich zu Aal, der durch das bittere Kraut nicht nur an Geschmack gewinnt, sondern auch leichter verdaulich wird.

Wichtig ist in jedem Fall, den Beifuß aufgrund seiner Bitterstoffe recht sparsam zu dosieren. Beifuß gehört zu den wenigen Gewürzen, die getrocknet ebenso gut schmecken wie frisch. Die getrocknete Ware enthält allerdings weniger Vitamine und ätherische Öle.

Nur die Zweigspitzen des Beifußes eignen sich als Gewürz. Der beste Erntezeitpunkt ist kurz vor der Blüte bei zunehmendem Mond.

Der besondere Tipp

Wenn Sie die Motten im Kleiderschrank haben, helfen Beifußsäckchen gegen die lästigen Flugtiere: Geben Sie getrockneten Beifuß in Leinensäckchen, und deponieren Sie diese im Kleiderschrank – mit diesem Duft vertreiben Sie jede Motte.

Die kleine Gewürzapotheke

Beifuß eignet sich zur Vorbeugung und Heilung von

- Abwehrschwäche
- Appetitlosigkeit
- Hohen Cholesterinwerten
- Konzentrationsschwäche
- Karies
- Pilzinfektionen

Bockshornklee

Art und Herkunft

Der Bockshornklee stammt aus Vorderasien und war schon im alten China als Heilmittel bekannt. Unter Kleopatra galt er als Schönheitsmittel für die Haut. Bockshornklee ist eine Heilpflanze aus der Familie der Schmetterlingsblütler.

Das Gewürz wird aus den gerösteten Samen gewonnen. Diese werden in Indien bis heute den Currymischungen zugesetzt. Bockshornklee ist ein vielseitiges Kraut, dessen Anbau im eigenen Garten sich schon deshalb lohnt, weil es dem Boden Stickstoff zurückgibt.

Bockshornklee fördert die Verdauung und gilt dank des hohen Eiweißanteils seiner Samen als Stärkungsmittel für Körper und Geist.

Heilende Substanzen

Bockshornkleesamen gehören in der Volksmedizin zu den altbekannten Heilmitteln. Herausragende Wirkstoffe sind besondere Schleimstoffe sowie Trigonellin, hochwertige Proteine, Cholin und eine Reihe von Steroidsaponinen.

Die Schleimstoffe und das Trigonellin machen den Bockshornkleesamen zu einem so genannten Emmoliens, d. h., sie vermögen die Haut aufzuweichen.

Die Saponine haben eine stimulierende und belebende Wirkung, und der Gehalt an hochwertigen Eiweißen macht den Bockshornklee außerdem zu einem effek-

Die kleine Gewürzapotheke

Bockshornklee eignet sich zur Vorbeugung und Heilung von

- Heiserkeit
- Rachenentzündungen
- Körperlicher und geistiger Erschöpfung

tiven Stärkungsmittel. Das B-Vitamin Cholin dieser Würzpflanze hilft schließlich bei Konzentrationsschwäche.

Buttermilchsuppe mit Kartoffeln und Bockshornklee schmeckt nicht nur gut, sie kann auch äußerlich als Kompresse bei Sonnenbränden hilfreich sein. Dazu sollte sie gut gekühlt aufgelegt werden.

Bockshornklee in der Gewürzküche

Mit ihrem stark aromatischen Geruch erinnern die gelbbraunen Bockshornkleesamen zunächst an Sellerie, in rohem Zustand sind sie jedoch ungenießbar. Erst nachdem sie geröstet und – sofort danach – gemahlen werden, entfalten sie den für sie typischen bitterscharfen Gewürzgeschmack.
Bockshornklee passt gut zu Linsengerichten und zu Kräutersuppen. Außerdem ist er ein wichtiger Bestandteil der indischen Küche. Die Samen finden sich in Currymischungen, in Ägypten und Äthiopien sind sie als Brotgewürz beliebt.
Bereits gemahlener Bockshornklee schmeckt meist sehr bitter und scharf. Kaufen Sie daher lieber frische Samen – die können Sie jeweils bei Bedarf in der Pfanne anrösten und anschließend im Mörser zu Pulver zerstoßen.

Der besondere Tipp

Bockshornkleeumschläge bei Hautentzündungen: Kochen Sie 100 Gramm pulverisierte Bockshornkleesamen mit gleicher Menge Wasser auf, bis sich ein zäher Brei bildet. Den Brei auf ein Tuch streichen und Furunkel, Karbunkel, Hühneraugen oder Schwielen damit bedecken. Vier Umschläge pro Tag fördern den Heilungsprozess.

Dill

Art und Herkunft

Früher rieben sich die Bräute Senf hinter die Ohren und legten sich frisches Dillkraut in die Schuhe. Dann sagten sie folgenden Spruch: »Ich habe Senf und Dill, mein Mann muss tun, was ich will.«

Bis heute ist nicht bekannt, woher der Dill eigentlich stammt. Sein Name leitet sich vom Altnorwegischen dilla, also einlullen, ab. Dill wird seit alters in der mitteleuropäischen Küche verwendet. Besonders beliebt ist dabei das frische Kraut.

Dill ist eine Pflanze mit ätherischen Ölen aus der Familie der Doldengewächse. Früher bekamen nervöse Kinder Dillsamen zur Beruhigung verabreicht. In der Naturmedizin werden sie noch heute gegen nervöse Magenbeschwerden eingesetzt. Als Küchengewürz finden die Samen selten Verwendung.

Heilende Substanzen

Dillsamen enthalten einige ätherische Öle, darunter Karvon, Limonen und Pinen, die für ihre krampflösende und verdauungsfördernde Wirkung bekannt sind. Unübertroffen ist jedoch der hohe Mineralgehalt des Dillkrauts mit ganzen sieben Prozent. Dabei überwiegen mit je 647 Milligramm Kalium und 230 Milligramm Kalzium auf 100 Gramm Kraut die Mineralanteile.

Die kleine Gewürzapotheke

Dillkraut eignet sich zur Vorbeugung und Heilung von

- Abwehrschwäche
- Blutarmut bei Eisenmangel
- Gicht
- Harnsteinleiden
- Hautentzündungen
- Osteoporose

Dillsamen helfen gegen

- Darmkoliken
- Mundgeruch
- Nervosität
- Reizmagen

Aufgrund dieser hohen Werte zählt das Dillkraut zu den wichtigsten harntreibenden Mitteln. Gleichzeitig hilft es bei Knochenschwund. Ebenfalls erwähnenswert sind seine Anteile an Zink, Eisen und Jod. Diese tragen zum Erhalt einer weichen, geschmeidigen Haut bei und unterstützen das Immunsystem. Dillkraut bildet außerdem einen natürlichen Schutz vor jodmangelbedingter Kropfbildung.

Frischer Dill enthält reichlich Vitamine. Und sein außerordentlich hoher Wert an Karotinoiden wird sonst von keiner anderen Gewürzpflanze erreicht. Karotinoide beugen Krebs und Infektionen vor. Dill ist darüber hinaus ein effektives Heilmittel bei Haut- und Darmentzündungen.

Dillkraut darf bei Warmspeisen erst nach dem Kochen hinzugefügt werden. Die Dillsamen können hingegen mitgekocht werden, ohne an Aroma zu verlieren.

Dill in der Gewürzküche

Trotz ihres kümmelartigen Aromas werden Dillsamen nur in den USA gelegentlich zum Würzen von Kuchen und Kohlgerichten eingesetzt. Ansonsten dominiert der aromatische Geschmack des frischen Krauts. Dillkraut gehört zu den wenigen Gewürzen, die hier häufiger verwendet werden als in den Mittelmeerländern. Wie sein Beiname »Gurkenkraut« bereits nahe legt, wird es zum Würzen von Gurken, Blattsalaten, Joghurt, Quark und hellen Fischsaucen eingesetzt, in Skandinavien ist es auch zu Fleischmahlzeiten beliebt.

Dillkraut schmeckt am besten frisch. Dill sollte Warmspeisen erst nach dem Garen zugegeben werden, sonst verliert er an Geschmack.

Estragon

Art und Herkunft

Den Estragon haben vermutlich die Kreuzfahrer aus den sibirischen und mongolischen Steppen nach Europa gebracht. Heute wird er vor allem in Frankreich gezüchtet, wo er auch seinen festen Platz in der Küche hat. In Spanien und Italien ist diese Gewürzpflanze fast unbekannt, hierzulande verwendet man sie ebenfalls – außer ab und zu in Salatdressings und Fischsaucen – nicht so häufig. Estragon gehört zu den Pflanzen mit ätherischen Ölen aus der Familie der Korbblütler. Als Heilpflanze wird er eher selten eingesetzt.

Heilende Substanzen

Estragon enthält einige ätherische Öle, denen seine leicht verdauungsanregende und harntreibende Wirkung zu verdanken ist. Besonders wichtig sind seine Mineralien. Mit 450 Milligramm auf 100 Gramm besitzt Estragon überdurchschnittlich viel Kalium. Dieses Mineral wird zum reibungslosen Ablauf der Muskelarbeit benötigt.

Darüber hinaus ist Estragon reich an Kalzium, Magnesium, Eisen und Fluor. Letzteres ist für seine zahnschmelzhärtenden Eigenschaften bekannt.

Früher glaubte man, sich mit Estragon in der Tasche vor Schlangenbissen schützen zu können.

Die kleine Gewürzapotheke

Estragon eignet sich zur Vorbeugung und Heilung von

- Blutarmut bei Eisenmangel
- Harnsteinleiden
- Karies
- Muskelkrämpfen
- Osteoporose
- Verdauungsträgheit

Die Mineralien dieser Würzpflanze unterstützen den Knochenaufbau, die Blutbildung und die Muskeln, schützen vor Osteoporose und helfen außerdem, das Herz vor Überlastungen und Rhythmusstörungen zu schützen.

Estragon in der Gewürzküche

Estragon riecht süßlich, schmeckt aber leicht bitter und würzig. Er sollte daher nur sparsam verwendet werden. Am intensivsten schmeckt er in Verbindung mit Zitronensaft und Essig. Vorsicht: Estragon neigt dazu, andere Gewürze zu erdrücken. Vornehmlich wird er in der französischen Küche eingesetzt, wie bei der berühmten Sauce Vinaigrette.

Estragon passt besonders gut zu Artischocken, Erbsen, Spargel, Blumenkohl und Champignons. Aufgrund seiner mild pfeffernden Schärfe schmeckt er aber auch zu Fleischbrühen, Aspikgerichten, Schwarzwurzeln, Kartoffelpüree, Fleisch- und Fischragouts sowie zu Eierspeisen und Salaten. Auch die asiatische Küche setzt in ihren Reisgerichten gerne auf Estragon. In Kombination mit traditionellen Chinagewürzen wie Ingwer und Gelbwurz (Kurkuma) wirkt er hingegen eher aufdringlich. Sein volles Aroma entfaltet Estragon am besten in frischem Zustand.

Mutige Köche scheuen sich nicht davor, eine Prise Estragon zur Verfeinerung auch über Obstsalate zu streuen.

Der besondere Tipp

Estragonessig ist leicht selbst gemacht: Waschen und zerkleinern Sie 2 frische Estragonstiele. Erhitzen Sie 1 Liter Weinessig kurz, und gießen Sie ihn über den Estragon, den Sie vorher mit 1 Teelöffel gehacktem Dill und 1 Teelöffel gehackter Zitronenmelisse vermengt haben. Den Sud 1 Woche im Dunkeln ziehen lassen, dann in saubere Gläschen umfüllen.

Fenchel

Art und Herkunft

Fenchel zählt von jeher zu den bewährtesten Heil- und Gewürzpflanzen. In der Antike wurde er von Naturheilern als harntreibende Medizin geschätzt, später behandelte man mit ihm auch Schlangen- und Hundebisse. Pfarrer Sebastian Kneipp setzte ihn häufig bei Koliken ein.
Fenchel ist eine Pflanze mit ätherischen Ölen aus der Familie der Doldengewächse. Hierzulande ist der Fencheltee vor allem als Heilmittel gegen Darmbeschwerden bekannt. Ganz im Gegensatz zu Italien und Frankreich, wo die Fenchelfrüchte weitaus mehr als in Deutschland als wichtiges Gewürz in der Küche geschätzt werden.

Heilende Substanzen

Fenchel stärkt unsere individuelle Verdauungskraft, sowohl die körperliche als auch die seelische. Mit Fenchel lässt sich der Körper deshalb leichter von physischen und psychischen Schlacken reinigen.

Fenchelfrüchte enthalten zahlreiche ätherische Öle, vor allem das Anethol. Sein Anteil steigt während der Lagerung getrockneter Fenchelsamen noch an.
Anethol zeigt eine anregende Wirkung auf die Schleimhäute der Atemwege und des Darms. Außerdem wirkt es krampflösend und antibiotisch. Deswegen ist Fenchel ein ideales Heilmittel bei Koliken, Infektionen sowie bei Entzündungen der Bronchien und besonders im Darmbereich.

Fenchel in der Gewürzküche

Der Geruch des Fenchelsamens erinnert an den von Anis, auch sein Geschmack ist ähnlich: aromatisch und warm, nur weniger süß. In deutschen Küchen kommt

Fenchel viel zu selten zum Einsatz. In der französischen und italienischen Küche dagegen schätzt man ihn als Gewürz zu Fisch, Schweinefleisch, Kalbfleisch und Salaten. Die italienische Salami Finocchiona bekommt erst durch Fenchel ihren unverwechselbaren Geschmack.

Mit Fenchel lassen sich Fischmarinaden und Bratfisch würzen, Kohlspeisen macht er bekömmlicher. Alte Kartoffeln schmecken deutlich frischer, wenn man sie zusammen mit Fenchel kocht. Aber auch in der indischen Küche wird mit Fenchelsamen gewürzt, wobei hier die reinigende Wirkung im Vordergrund steht.

In Deutschland sind in der Regel zwei Fenchelqualitäten erhältlich: der Kamm- oder Traumelfenchel mit 4,5 Prozent und der Strohfenchel mit 3,5 Prozent ätherischem Öl. Der Erstgenannte ist gesünder, der Zweitgenannte ist besser mit anderen Gewürzen kombinierbar. Inzwischen werden auch zahlreiche ausländische Fenchelsorten angeboten.

Vom Fenchel sind auch die frischen, sehr vitaminreichen Blätter in der Küche verwendbar. Man findet sie – klein gehackt – in zahlreichen Würzmischungen. In der Gewürzheilkunde kommen dagegen nur die Samen zum Einsatz.

Der besondere Tipp

Fenchel-Anis-Kümmel-Gewürztee hilft nachhaltig bei Blähungen: Mischen Sie je 10 Gramm Fenchel, Anis und Kümmel. Übergießen Sie dann 2 Teelöffel der Mischung mit 1 Tasse (200 Milliliter) kochendem Wasser. Lassen Sie den Tee 10 Minuten ziehen, und seihen Sie ihn ab. Ideal zur Linderung von Blähungen, aber auch als Getränk zu fetten Speisen.

Die kleine Gewürzapotheke

Fenchel eignet sich zur Vorbeugung und Heilung von

- Appetitlosigkeit
- Blähungen
- Dreimonatskoliken bei Babys
- Durchfall
- Husten
- Magenkrämpfen

Gewürznelke

Art und Herkunft

Die Gewürznelke war bereits 1600 v. Chr. als Therapeutikum in Indien bekannt. In Deutschland wurden die »Gewürz-Nägelein« erstmals 973 erwähnt, auch die heilige Hildegard von Bingen zählte sie zu ihrem Heilpflanzensortiment. Im 18. Jahrhundert legten dann die Franzosen erstmals Gewürznelkenplantagen in Afrika an. Bis heute stammt der größte Teil des weltweiten Angebots von dort, vor allem von den Inseln Madagaskar und Sansibar.

Die Gewürznelke ist eine Pflanze mit ätherischen Ölen aus der Familie der Myrtengewächse.

Die Gewürznelken haben nichts mit unseren heimischen Nelkengewächsen zu tun. Sie sind vielmehr die Blütenknospen eines immergrünen Baums, der ursprünglich auf den Molukken beheimatet war.

Heilende Substanzen

Die Gewürznelke verfügt über eine äußerst breite Palette an heilenden Substanzen. Ätherische Öle, Eugenol, Karyophyllen und Vanillin dominieren dabei. Darüber hinaus findet man Gerbstoffe, Phenolkarbonsäuren und Flavonoide.

Eugenol hat eine stark antibiotische Wirkung und vermag das Wachstum von Viren und Bakterien in hohem

Die kleine Gewürzapotheke

Gewürznelke eignet sich zur Vorbeugung und Heilung von

- Arteriosklerose
- Asthma bronchiale
- Bronchitis
- Darminfektionen
- Heuschnupfen
- Husten
- Krebs
- Magengeschwür
- Rheuma
- Zahnschmerzen

Maß zu hemmen. Zusammen mit Karyophyllen entspannt es die Muskeln der Atemwege und des Darms. Dadurch lindert die Gewürznelke Bronchialerkrankungen wie Husten und Asthma und hilft bei Unterleibskrämpfen infolge von Durchfall und Darminfektionen. Eugenol verhindert außerdem die Ansammlung von Thrombozyten in den Blutgefäßen. Damit kann Arteriosklerose wirksam vorgebeugt werden. Neuestens konnten auch Krebs hemmende sowie schmerz- und entzündungslindernde Eigenschaften des Eugenols nachgewiesen werden. Offenbar greift das ätherische Öl direkt in den Entzündungs- und Schmerzstoffwechsel ein. Deswegen gilt die Gewürznelke als wirksame Therapieunterstützung bei Kopf- und Zahnschmerzen sowie bei Erkrankungen des rheumatischen Formenkreises.

Gewürznelken in der Gewürzküche

Gewürznelken schmecken süßlich bis scharf und bestechen durch ihr ausdrücklich warmes Aroma. Deshalb werden sie besonders gerne zum Würzen von Getränken verwendet. Gewürznelken gehören in Punsch, Glühwein, Liköre und Tee, passen aber auch zu Obstspeisen und Backwaren. Für Fleischgerichte eignen sie sich eigentlich weniger, obwohl man sie in Amerika zum Spicken von Schinken verwendet. In der indischen Küche dienen sie zum Anrichten von Meeresfrüchten. Achten Sie beim Kauf der Gewürznelken darauf, dass ihre Stängel eine rotbräunliche Farbe haben und am oberen Ansatz etwas heller sind. Hochwertige Nelken sollten sich sauber zerbrechen lassen und etwas Öl abgeben, wenn man sie mit dem Fingernagel eindrückt.

Auch der so genannte Schwimmtest gibt Aufschluss über die Qualität der Gewürznelken: Teilentölte Nelken schwimmen waagerecht auf dem Wasser, während Nelken mit vollem Ölgehalt absinken oder aufrecht schwimmen.

Ingwer

Art und Herkunft

Die Ingwerstaude und das aus ihrer Wurzel gewonnene Gewürz war schon vor 3000 Jahren in China bekannt. In der Antike schätzte man Ingwer als Würzmittel und als Medikament gegen die unterschiedlichsten Krankheiten, von Blähungen bis hin zu Schlangenbissen.
Ingwer gehört zu den tropischen Gewächsen und wird heute vorwiegend in Brasilien, Jamaika, Florida, Zentralafrika und Südostasien angebaut.

Ingwer wirkt ausgesprochen wärmend auf Magen und Haut. Er ist daher bestens dazu geeignet, im Winter den Körper mit Wärme zu durchfluten.

Heilende Substanzen

Ingwer verfügt über ein ausnehmend großes Heilpotenzial, bedingt vor allem durch seine ätherischen Öle: Shogaol, Cineol, Borneol, Linalool, Kamphen, Phellandren, Gingerol u. v. a. m.
Hervorzuheben sind die Gingerole, die in ihrer chemischen Struktur und ihrer Wirksamkeit dem Aspirin® sehr ähnlich sind. Sie hemmen die Entstehung von Thrombozyten, wodurch Arteriosklerose und das Risiko von Blutgefäßverschlüssen deutlich verringert wird. Darüber hinaus wirken Gingerole schmerzhemmend. Im Darm wiederum gleichen sie die Wirkung des Hormons

Die kleine Gewürzapotheke

Ingwer eignet sich zur Vorbeugung und Heilung von

- Appetitmangel
- Arteriosklerose
- Darm- und Magenträgheit
- Erhöhtem Blutdruck
- Erkältungen
- Gastritis
- Müdigkeit
- Reisekrankheit
- Übelkeit mit Erbrechen

Serotonin aus. Mit Ingwer lassen sich daher Übelkeit, Blähungen und Krämpfe im Darmbereich wirksam behandeln. Diese Wirkung wird durch das – auch im Basilikum vorhandene – Linalool unterstützt.
Schließlich gehören Gingerole zusammen mit den Shogaolen zu jenen Wirkstoffen, die sich beim Kochen nur geringfügig verflüchtigen. Sie regen Speichel- und Schweißabsonderung an und erzeugen ein Wärmegefühl im Magen.

Ingwer verbindet auf einmalige Weise süßliches Aroma mit scharfem Geschmack. Dadurch wird er zu einem Universalgewürz, das zu Gemüse- und Fleischgerichten ebenso passt wie zu Tee, Schokolade und Gebäck.

Ingwer in der Gewürzküche

Ingwer gehört zu den zentralen Gewürzen der indischen und chinesischen Küche. In China wird Ingwer auch gerne mit Knoblauch kombiniert, in Indien zählt er zu den Standardzutaten des Currypulvers. Aufgrund seiner Schärfe und seiner verdauungsfördernden Wirkung ist er ein wichtiger Bestandteil in vielen asiatischen Gemüse- und Fleischgerichten. Seine süßliche Note macht ihn darüber hinaus zu einem idealen Gewürz für Pudding, Plätzchen und Kuchen. Ab und zu werden auch Tee, Punsch, Bier und Wein mit Ingwer gewürzt. Ganze, frische Ingwerwurzeln sind in der Zwischenzeit auch bei uns ganzjährig erhältlich. Man kann sie schälen und im Mörser oder mit der Reibe zerkleinern. Sie sind dem industriell gefertigten Ingwerpulver in jeder Hinsicht weit überlegen. Bei frischem Ingwer ist zudem mehr das süßliche als das scharfe Aroma ausgeprägt. Kandierter Ingwer eignet sich deshalb vorzüglich zum Süßen von Obstsalaten und Tee.

Kapern

Art und Herkunft

Kapernsträucher werden heute vorwiegend in Südfrankreich und den westlichen Mittelmeerländern gezüchtet. Das eigentliche Würzmittel besteht aus den Blütenknospen dieser Pflanze mit ätherischen Ölen. In frischem Zustand haben Kapern praktisch keinen nennenswerten Eigengeschmack.

Die Herstellung des eigentlichen Gewürzes erfordert aufwändige Maßnahmen, wie das Trocknen und Einlegen der Knospen. Deswegen sind die Kapern ein relativ teures Würzmittel, das gerne in der französischen Küche eingesetzt wird.

Heilende Substanzen

Für therapeutische Zwecke sind Kapern fast zu teuer. Als Würzmittel besitzen sie jedoch gesundheitsfördernde Eigenschaften.

In Kapern finden sich vorwiegend Senfölglykoside. Diese Substanzen wirken im Körper antibiotisch, schützen also vor Bakterien und Viren. Die heilenden Eigenschaften von Senfölen entfalten sich besonders in der Harnblase und im Harnleiter, wo sie das Wachstum von Bakterien hemmen. Kapern stoppen auch die Vermehrung von Erkältungsviren, indem sie in deren Stoffwechsel eingreifen. Dazu muss man sie jedoch in sehr großen Mengen verzehren.

Die kleine Gewürzapotheke

Kapern eignen sich zur Vorbeugung und Heilung von

- Blasen- und Harnleiterentzündungen
- Halsentzündungen
- Husten
- Racheninfektionen
- Schnupfen
- Träger Verdauung

Kapern in der Gewürzküche

Kapern bestechen vor allem durch ihren eigenwilligen Geschmack: würzig und scharf, ähnlich wie Senf oder Kapuzinerkresse. Diese eigentümliche Mischung aus scharf und bitter macht sie zu einem beliebten Gewürz in der feinen Küche.

Kapern schmecken umso besser, je kleiner sie sind. Deswegen werden die kleinsten von ihnen von den französischen Köchen auch Nonpareilles genannt, die Unvergleichlichen. Für den normalen Geldbeutel sind sie allerdings nahezu unerschwinglich. Doch auch die anderen Sorten – wie etwa die weit verbreiteten Capucines – können sich geschmacklich sehen lassen.

Kapern eignen sich vor allem für kalte Saucen, Remouladen, Mayonnaisen und Marinaden, die vorwiegend zu Fisch (vor allem Bratfisch und Fischsalaten) sowie kaltem Rind- und Geflügelfleisch gereicht werden. Kapernsauce verleiht Tatar und kaltem Braten eine ausgezeichnete und besondere Note – die bekannteste Variante ist wohl das italienische Vitello tonnato, kalter Kalbsbraten mit Thunfisch-Kapern-Sauce. In Frankreich werden Sardellen gerne mit Kapern garniert. Mit das berühmteste Kapergericht dürften jedoch die Königsberger Klopse sein.

Kapern zählen zu den Gewürzen der feinen Küche. Sie müssen jedoch sparsam dosiert werden, da sie geschmacklich sehr dominant sein können.

Der besondere Tipp

Kapernaufguss hilft gegen Infektionskrankheiten: Zerstampfen Sie 1 Esslöffel Kapern, und übergießen Sie die Früchte mit 1 Tasse kochendem Wasser. Lassen Sie die Kapern 10 Minuten zugedeckt ziehen, und seihen Sie das Getränk ab. Bei herannahenden Infektionskrankheiten ist der Aufguss eine wirksame Prophylaxe. Trinken Sie 3 Tassen pro Tag.

Kardamom

Art und Herkunft

Kardamom gehört wie Ingwer, Galgant, Kurkuma und die Paradieskörner zur tropischen Pflanzenfamilie der Ingwergewächse. Im Gegensatz zu ihnen können seine Samen jedoch erst drei Jahre nach dem Einsetzen der Pflanzen geerntet werden. Auch der Zeitpunkt muss exakt abgepasst werden: Sobald die Früchte aufgesprungen sind, geht der wertvolle Samen verloren. Kardamom wird vor allem in Indien angebaut, zu seinen größten Verbrauchern zählen jedoch die Schweden. Sie verarbeiten das exotische Gewürz in ihren Backwaren sowie in Glühwein- und Punschgetränken.

Kardamom gehört zu den Gewürzen mit uralter Geschichte. In Indien war er schon vor der Entwicklung der Schrift bekannt.

Heilende Substanzen

Der ausgewogene Geschmack des Kardamoms ist auf seine breite Palette an fetten Ölen zurückzuführen: Cineol, Terpinylazetat, Borneol, Geraniol, Nerolidol, Pinen, Limonen und viele andere Öle finden sich in dieser Würzpflanze. Sie regen die Verdauung an und helfen bei Blähungen sowie deren Folgeerscheinungen wie etwa Herzrhythmusstörungen, Beklemmungsgefühl und Angina pectoris. Am besten wirkt Kardamom hier in Kombination mit Kümmel und Fenchel. Zudem entfalten die

Die kleine Gewürzapotheke

Kardamom eignet sich zur Vorbeugung und Heilung von

- Blähungen
- Herzbeschwerden infolge von Blähungen
- Kater nach Alkoholgenuss
- Träger Verdauung
- Darmkrämpfe

Kardamomöle einen angenehmen Wärmeeffekt im Magen-Darm-Bereich, der sich auch positiv auf die Psyche auswirkt. Limonen steigert die Aktivität von Entgiftungsenzymen in Leber und Dünndarm, deswegen ist Kardamom auch als Katermittel nach übermäßigem Alkoholgenuss beliebt. Aufgrund seines hohen Limonengehalts gilt Kardamom außerdem als wirkungsvolle Prophylaxe gegen Krebs.

Kaufen Sie am besten komplette Kardamomfrüchte, aus denen Sie die Samen bei Bedarf herausschälen können. Die Schale bewahrt das Aroma der Samen auf natürliche Weise.

Kardamom in der Gewürzküche

Kardamom besitzt eine überdurchschnittlich breite Anwendungspalette, er kann sowohl süßen wie auch salzigen Speisen zugegeben werden. Kaum ein anderes Gewürz erreicht sein ausgewogenes Aroma, der Geschmack der Samen verwandelt sich während des Kauens von kampferartig bitter zu wärmend herb. Kardamom findet sich in jeder Currymischung und in den meisten Glühweingewürzen. In arabischen Ländern würzt man damit Kaffee und Obst, in Ostfriesland verleiht er dem Tee eine besondere Note. In der chinesischen und indischen Küche schätzt man den Kardamom zu Fleisch- und Gemüsegerichten, in Deutschland kommt er bei der Herstellung von Spekulatius und Lebkuchen zum Einsatz.

Im Handel erhältlich sind zwei Sorten, weißer und grüner Kardamom, wobei es sich bei der weißen Variante lediglich um ein Bleichprodukt des grünen Samens handelt, der geschmacklich deutlich weniger bietet. Kaufen Sie am besten die kompletten Kardamomfrüchte und nicht die von ihren Fruchtschalen befreiten Samen, denn ihre natürliche Verpackung verhindert das Abdampfen der flüchtigen ätherischen Öle und bewahrt damit das Aroma.

Knoblauch

Art und Herkunft

Der Knoblauch zählt zu den ältesten und vielseitigsten Heilpflanzen der Welt. Schon in der altindischen Medizin sowie auch bei den Sumerern, den Griechen und den Ägyptern galt er als Kräftigungsmittel. Heute sind die gesundheitlichen Vorzüge des Knoblauchs wissenschaftlich erwiesen, vor allem seine Wirkung auf das Herz-Kreislauf-System sowie auf bakterielle und virale Infektionen. Knoblauch ist eine Pflanze mit ätherischen Ölen aus der Familie der Zwiebelgewächse.

Knoblauch wird häufig abgelehnt, da er einen scharfen Atem- und Körpergeruch verursacht. Dieser nimmt jedoch ab, je häufiger Sie Knoblauch essen.

Heilende Substanzen

Die wichtigsten Heilstoffe des Knoblauchs sind Alliin, Allizin und Ajoen. Alliin hemmt zahlreiche Enzyme, die den Blutfettspiegel nach oben treiben, und entfaltet seine wichtigste Funktion in der Leber. Dort schleicht sich diese Schwefelverbindung in die Stoffwechselvorgänge ein. Somit kann es erst gar nicht zur Synthese von Cholesterin kommen. Das Sulfid Allizin ist für den unverwechselbaren Geruch der Knollen und ihre antibiotische Wirkung verantwortlich. Es unterdrückt bereits in niedrigen Konzentrationen das Wachstum von zahlreichen Bakterien, Bazillen, Pilzen und Hefen: Ein Milligramm Allizin wirkt genauso wie zehn Mikrogramm Penizillin – aber ohne dessen Nebenwirkungen. Darüber hinaus hilft Allizin, das Wachstum von Krebszellen zu hemmen.

Ajoen schließlich ist der Wirkung von Aspirin® (Azetylsalizylsäure) sehr ähnlich, indem es Blutgerinnungsvorgänge in den Arterien unterbindet. Dadurch verringert sich das Risiko von Arterienverschlüssen in Herz, Lunge und Gehirn.

Knoblauch in der Gewürzküche

Knoblauch schmeckt scharf und sehr intensiv. In Maßen verwendet kann er große Gaumenfreuden bereiten. Die frischen Zehen passen zu Fisch, Muscheln, Wurst, Saucen und vor allem zu Hammelbraten. Aus der spanischen, französischen und chinesischen Küche ist er nicht wegzudenken. Auf Knoblauchpulver sollten Sie allerdings verzichten. Besorgen Sie sich stets die frischen Knollen aus dem Gemüseladen!

Der besondere Tipp

Knoblauch-Zitronen-Drink gegen grippale Infekte: Pressen Sie 1/2 Zitrone aus, und übergießen Sie den Saft mit heißem (nicht kochendem) Wasser. Geben Sie 1 geschälte, zerdrückte Knoblauchzehe hinzu, und verrühren Sie das Ganze mit 1 Teelöffel Honig. Der Drink hat sich bei herannahenden Erkältungen bewährt.

Damit Knoblauch seine heilende Wirkung entfalten kann, muss er täglich in Mengen von etwa vier Gramm verzehrt werden. Das entspricht ein bis zwei Knoblauchzehen.

Die kleine Gewürzapotheke

Knoblauch eignet sich zur Vorbeugung und Heilung von

- Angina pectoris
- Arteriosklerose
- Bluthochdruck
- Bronchitis
- Darmentzündungen
- Durchblutungsstörungen
- Durchfall
- Erkältungen
- Herzinfarkt
- Koliken
- Krebs
- Schlaganfall

Koriander

Art und Herkunft

Der üble Geruch des frischen Korianderkrauts und seiner Samen verschaffte der Pflanze den unrühmlichen Zweitnamen »Wanzendill«. Auch der griechische Wortstamm der Würzpflanze, koris, verweist auf sein Aroma. Im reifen Samen ist davon nichts mehr zu spüren.

Ursprünglich stammt der Koriander wahrscheinlich aus der Mittelmeergegend, wenngleich er schon im alten Indien bekannt war. Hippokrates verordnete Koriander bei Kopfschmerzen und Verdauungsstörungen.
Koriander ist eine Pflanze mit ätherischen Ölen aus der Familie der Doldengewächse. Heute wird er weltweit angebaut, hauptsächlich in Russland, Indien sowie Mittel- und Südamerika. Man findet ihn aber auch in einigen Gegenden Deutschlands.

Heilende Substanzen

Koriander enthält zahlreiche ätherische Öle, die nicht nur zu seinem typischen Geschmack beitragen, sondern auch seine heilenden Wirkungen bestimmen. Dazu gehören u.a. Linalool, Pinen, Kamphen, Phellandren, Estragol und Anissäure. Die Öle regen den Appetit wie die Verdauung an und helfen bei Blähungen. In Leber und Darm erhöhen einige der ätherischen Korianderöle die Aktivität von Entgiftungsenzymen. Dadurch eignet sich diese Würzpflanze auch als Therapeutikum nach übermäßigem Alkohohlgenuss. Dieser Effekt wird durch seine magenbesänftigenden Eigenschaften noch

Die kleine Gewürzapotheke

Koriander eignet sich zur Vorbeugung und Heilung von

- Appetitmangel
- Blähungen
- Erbrechen
- Darmkrämpfen
- Gastritis
- Kopfschmerzen

verstärkt. Der Wirkstoff Estragol hilft bei Reizmagen, Blähungen und Appetitstörungen. In der Volksmedizin gilt Koriander als Heilmittel bei Migräne und anderen Kopfschmerzen.

Koriander in der Gewürzküche

Die Blätter und unreifen Früchte des Korianders verströmen keinen angenehmen Duft, doch die ausgereiften Samen – die im Morgentau gepflückt werden – besitzen ein süßes, würzig holziges Aroma mit einem Hauch von weichem Pfeffer. Ihr Geschmack ist mild und süß, ähnlich dem des Lavendels, später schmecken sie etwas beißend.

Koriander eignet sich als Gewürz zu salzigen, aber auch zu süßen Gerichten. Er gehört zu den Standardbestandteilen von Currypulver, ist daher in Indien und China zu Gemüse- und Fleischgerichten beliebt. Auch im Nahen Osten, in Spanien sowie Mittel- und Südamerika werden die unterschiedlichsten Speisen mit Koriander abgerundet. In Frankreich verarbeitet man ihn in Gemüsesuppen »à la grecque«. Sehr pikant schmeckt er zu verschiedenen Schwarzteegetränken. Koriander ist ein ideales Gewürz zum Experimentieren, denn er ist mild und sein Aroma weit genug, um keine Speise misslingen zu lassen.

Im Handel bekommt man in der Regel den indischen Koriander vulgaris sowie die russische Sorte microcarpum. Die russischen Koriandersamen sind kleiner, dafür aber sehr viel ergiebiger an ätherischem Öl.

Rote Bete und Koriander sind nicht nur geschmacklich eine ideale Kombination. Rote Bete wirkt blutbildend und passt dadurch bei der Behandlung von Personen mit schwacher Konstitution gut zum Appetitanreger Koriander.

Kresse

Art und Herkunft

Brunnenkresse können Sie selbst anbauen und ernten. Zum Trocknen legen Sie die Blätter und Blüten auf ein Siebgitter in einen schattigen, trockenen Raum. Nach dem Austrocknen kommt die Droge in einen sauberen geruchlosen Behälter (kein Plastik!). Dort hält sie mehrere Monate. Zum Würzen allerdings schmeckt das frische Kraut besser.

Die bekanntesten Kressearten sind die Brunnen- und die Kapuzinerkresse. Die Brunnenkresse lässt sich zwar leichter im Garten anbauen, wirksamer ist jedoch die Kapuzinerkresse. Kresse ist eine Pflanze mit ätherischen Ölen aus der Familie der Kreuzblütler. Heute schätzt man beide Kressearten aufgrund ihres scharfen Geschmacks sowie ihrer antibiotischen Eigenschaften.

Heilende Substanzen

Zu den wichtigen Substanzen der Kresse gehören das Senföl Benzyl-Isothiozyanat, Vitamin C sowie die Karotinoide. Dem Senföl der Kresse ist ihre starke antibiotische Wirkung zu verdanken. Mit zehn Gramm Kapuzinerkresse nimmt man 20 Milligramm antibiotischer Inhaltsstoffe zu sich. Eine bemerkenswerte Konzentration, die sich im menschlichen Organismus vor allem in den Harn- und Atemwegen niederschlägt. Benzyl-Isothiozyanat entlastet das Immunsystem. Kresse wirkt zudem antibiotisch, ohne dass der Körper durch eine übermäßige Schleim- oder Eiterbildung belastet würde. Ein weiterer Vorteil des Senföls besteht darin,

Die kleine Gewürzapotheke

Kresse eignet sich zur Vorbeugung und Heilung von

- Abwehrschwäche
- Arteriosklerose
- Blasenentzündung
- Bronchitis
- Grippalen Infekten
- Harnröhrenentzündungen
- Krebs
- Nierenentzündung

dass es – im Unterschied zu den gängigen Antibiotika – die Darmflora nicht zerstört. Vitamin C ist für das Immunsystem vonnöten, außerdem schützt es die Blutgefäße vor gefährlichen Cholesterinablagerungen. Allerdings ist nur im frischen Kressekraut der Vitamin-C-Anteil von medizinischer Bedeutung. Die Karotinoide wirken antibiotisch, Krebs hemmend und schützen die Zellwände und empfindliche Stoffe wie etwa das Vitamin C vor dem Angriff freier Radikale. Darüber hinaus verfügen beide Kressearten über einen hohen Kalziumanteil. Dieses Mineral wird vor allem für den Aufbau von Zähnen und Knochen benötigt. Als Kalziumversorger entfaltet die Kresse ihre Wirkung jedoch nur dann, wenn sie auch als Salat in größeren Mengen verzehrt wird.

Kresse in der Gewürzküche

Als Gewürz ist am besten die Brunnenkresse geeignet. Sie schmeckt weniger scharf und penetrant als die Kapuzinerkresse. Aus der Nouvelle Cuisine Frankreichs ist die Brunnenkresse inzwischen nicht mehr wegzudenken. Man genießt sie als Salat und – mit Zitronensaft beträufelt – als rohes Gemüse zu Braten, Steaks und Schnitzeln. Ferner eignet sie sich als Gewürz zu Butterbrot, weißem Käse, Quark, Tomaten und harten Eiern. Räucherfisch und Meeresfrüchte bekommen mit Brunnenkresse eine ganz besondere Note. Brunnenkresse schmeckt am besten frisch, größere Mengen des Krauts erhalten ein pikanteres Aroma, wenn man sie mit Zitronensaft beträufelt. Zu den echten Delikatessen gehört Brunnenkresse, die zusammen mit frischem Ingwer zubereitet wird.

Kressehappen sind nicht nur leicht verdaulich, sondern haben im Hinblick auf das Abendessen noch einen weiteren entscheidenden Vorteil: Sie sorgen dafür, dass man noch am nächsten Morgen einen angenehmen Geschmack im Mund hat. Probieren Sie es aus!

Kreuzkümmel

Art und Herkunft

In der indischen Küche wird der Kreuzkümmel in der Regel leicht in Ghee angeröstet, um sein Aroma besser zur Entfaltung zu bringen und ihm etwas von seiner Strenge zu nehmen.

Die eigentliche Heimat des Kreuzkümmels (Kumin) ist Turkestan, heute wird er überwiegend in Mittelmeerländern und in Indien angebaut. In der mitteleuropäischen Küche kommt er kaum zum Einsatz.
Kreuzkümmel ist nicht mit dem hier bekannten Kümmel zu verwechseln. Diese beiden sind zwar botanisch verwandt, unterscheiden sich aber sowohl im Geschmack als auch in ihrer heilenden Wirkung. Der Kreuzkümmel ist eine Pflanze mit ätherischen Ölen aus der Familie der Doldengewächse.

Heilende Substanzen

Auch beim Kreuzkümmel dominieren die ätherischen Öle, z. B. Kuminaldehyd, Thymol, Zymen, Zymol und Perillaaldehyd. Sie besitzen krampflösende Eigenschaften und helfen bei Darmkoliken, Durchfall und Blähungen. Aufgrund seiner Anteile an Thymol und Zymol verfügt der Kreuzkümmel über ähnliche Eigenschaften wie Thymian und Quendel: Bei allen Erkrankungen der oberen Atemwege erleichtert er das Abhusten, grundsätzlich sorgt er für eine Entspannung der Bronchialmuskulatur. Thymol und Zymol wirken zudem antibiotisch. Kreuzkümmel hilft daher bei Bronchitis, Erkältungen und Husten, dazu muss er allerdings in relativ großen Mengen eingenommen werden. Schließlich wirken sich die ätherischen Öle des Kreuzkümmels günstig auf die Hautdurchblutung und die Farbe des Teints aus.

Kreuzkümmel in der Gewürzküche

Kreuzkümmel wird in der deutschen Küche seit dem Mittelalter nicht mehr verwendet. Dies liegt bestimmt auch an seinem starken und schweren, zwischen Süße und Säuerlichkeit hin- und herschwankenden Aroma sowie seinem brennenden, durchdringenden und leicht bitteren Geschmack. Damals gebrauchte man ihn als Pfefferersatz. Anders bei der indischen, türkischen und marokkanischen Küche! Hier zählt Kreuzkümmel zu den Standardgewürzen. Er ist Bestandteil von Gewürzmischungen wie Currypulver und Garam Masala. Kaum eine indische Mahlzeit ist komplett, wenn sie nicht in der einen oder anderen Form Kreuzkümmel enthält. In Marokko wird er als Wurst- und Brotgewürz verwendet, in der Türkei findet man ihn in Hackfleisch- und Gemüsegerichten. Auch jenseits des großen Teichs ist Kreuzkümmel kein Unbekannter, denn die Texaner würzen mit ihm ihr Chili con carne.

Gemahlener Kreuzkümmel verliert schnell an Aroma. Kaufen Sie daher nur die kompletten Samen, die dann für den konkreten Bedarf zerstoßen werden können. Hier erhältlich ist der Weiße Kreuzkümmel, der in der indischen Küche als Safaid Jeera bezeichnet wird. Schwarzer Kreuzkümmel, Kala jeera, wird hingegen recht selten in hiesigen Gewürzläden verkauft.

Der Schwarze Kreuzkümmel wird gerne mit dem Schwarzkümmel Nigella sativa verwechselt. Selbst in indischen Anbaugebieten werden beide häufig als Kala jeera bezeichnet, obwohl sie hinsichtlich ihres Geschmacks und ihrer heilenden Substanzen sehr unterschiedlich sind.

Die kleine Gewürzapotheke

Kreuzkümmel eignet sich zur Vorbeugung und Heilung von

- Appetitmangel
- Blähungen
- Bronchitis
- Erkältungen
- Menstruationskrämpfen
- Völlegefühl

Kümmel

Art und Herkunft

Die ältesten Kümmelarten sind 5000 Jahre alt und wurden in Südeuropa bei Ausgrabungen gefunden.

Der Kümmel wurde erst recht spät als Heilmittel eingesetzt. Noch in der Antike verwendeten ihn Griechen und Römer als reines Gewürz. Die ersten schriftlichen Aufzeichnungen über den Kümmel stammen aus dem Capitulare Karls des Großen. Etwas später entdeckte man schließlich sein heilendes Potenzial bei Verdauungsbeschwerden. Kümmel ist eine Pflanze mit ätherischen Ölen aus der Familie der Doldengewächse.

Heilende Substanzen

Unter den Wirkstoffen des Kümmels dominieren die beiden ätherischen Öle Karvon und Limonen. Interessant ist vor allem ihre Wirkung auf den Verdauungstrakt: Sie regen zwar den Magen an, beruhigen jedoch den Darm. Außerdem stabilisieren sie die Darmflora, fördern nützliche Mikroorganismen und hemmen schädliche in ihrem Wachstum.

Naturärzte betonen immer wieder die positive Wirkung der Öle auf Störungen im Leber-Gallenblasen-Bereich und auf die Fettverdauung.

Die kleine Gewürzapotheke

Kümmel eignet sich zur Vorbeugung und Heilung von

- Blähungen
- Darmkoliken
- Mundgeruch
- Fettverdauungsproblemen
- Magenschwäche

Inzwischen ist auch die antikanzerogene, also Krebs hemmende Wirkung von Limonen und Karvon bekannt. Dazu allerdings müssen täglich große Mengen Kümmel verzehrt werden.

Kümmel in der Gewürzküche

Kümmel hat ein unverwechselbar warm-bitteres Aroma. Eine alte Faustregel besagt: Kümmel eignet sich für alle Speisen, die mit dem Buchstaben »K« anfangen, also für Käse, Kringel, Krapfen, Kohl, Kochfisch, Kartoffeln, Krautsalat und Kutteln. Doch das hieße, seine wahren Möglichkeiten arg zu unterschätzen.
Schon Küchenexperten des antiken Rom empfahlen ihn als Gemüse- und Fischgewürz. Legendär ist die Fischsauce des Apicius aus Kümmel, Oregano, Minze, Honig, Öl, Essig und Wein. Im Mittelalter gab man Kümmel in Suppen sowie in Kohl- und Bohnengerichte, die dadurch bekömmlicher wurden.
Daneben lässt sich Fleisch mit Kümmel ebenso würzen wie Bratäpfel oder Gebäck. Kümmel kann man auch ausgezeichnet mit Koriander, Knoblauch und Pfeffer kombinieren. Schließlich wird Kümmel gerne zum Ansetzen von Branntweinen und Schnäpsen eingesetzt. Zu den bekanntesten Getränken zählen Aquavit, Allasch und Gilka.
Kaufen Sie den Kümmel in ungemahlenem Zustand. So bewahrt er auch bei längerer Lagerung sein Aroma.

Der besondere Tipp

Kümmelsäckchen helfen bei Darmkoliken: Geben Sie Kümmelsamen in ein Leinensäckchen, und erwärmen Sie dieses im Wasser. Legen Sie das erwärmte Säckchen auf den Bauch. Die Kümmelauflage hat sich vor allem bei Babys bewährt. Mehrmals täglich anwenden.

Beim Sammeln wird der Kümmel leicht mit dem Wiesenkerbel verwechselt. Wichtige Unterscheidungsmerkmale sind die stärker glänzenden Blätter des Kerbels sowie seine rein weißen, flachen Blütendolden. Auch die wilde Möhre sieht dem Kümmel ähnlich, besitzt aber stachelborstige Früchte.

Kurkuma

Art und Herkunft

Kurkumaöl hilft gegen entzündliche Hauterkrankungen. Vermischen Sie dazu 1 Esslöffel kaltgepresstes Mandelöl mit 1 Teelöffel Kurkuma. Ölen Sie mit dieser Masse dann die betroffenen Hautstellen 3-mal täglich ein. Mit warmem Wasser abwaschen.

Kurkuma – auch Gelbwurz genannt – wird aus dem getrockneten Wurzelstock der Kurkumapflanze gewonnen. Sie zählt zu den beliebtesten Gewürzen, Farbstoffen und Heilmitteln Asiens.
Marco Polo war es vermutlich, der sie schließlich in Europa heimisch machte, indem er den Geschmack der Gelbwurz mit jenem des Safrans verglich und damit einen billigen Ersatz für den sündhaft teuren Safran fand. Auch wenn die Kurkuma den edlen Safranfäden kulinarisch nicht das Wasser reichen kann, so ist ihre medizinische Bedeutung heutzutage dennoch unbestritten.
Kurkuma ist eine tropische Pflanze aus der Familie der Ingwergewächse.

Heilende Substanzen

Zu den wichtigsten Substanzen des Kurkumawurzelstocks gehören die gelben Farbstoffe Kurkumin, Mono- und Bisdesmethoxykurkumin sowie die ätherischen Öle Tumeron, Borneol und Cineol. Die gelben Farbstoffe der Gelbwurz regen die Entleerung der Gallenblase

Die kleine Gewürzapotheke

Kurkuma eignet sich zur Vorbeugung und Heilung von

- Arteriosklerose
- Darminfektionen
- Erhöhtem Cholesterin
- Gallenblasenentzündung
- Pilzinfektionen
- Völlegefühl

Äußerlich als Brei aufgetragen hilft Kurkuma bei

- Akne
- Ekzemen
- Furunkeln
- Fußpilz

an und schützen die in unserem Organismus kursierenden Fette vor dem Angriff aggressiver Sauerstoffmoleküle. Auch die ätherischen Öle greifen in den Fettstoffwechsel ein, indem sie die Produktion fettverarbeitender Stoffe aus der Leber anregen. All dies trägt nicht nur zur Heilung von Gallenblasenentzündungen bei, sondern schützt die Arterien vor schädlichen Fettablagerungen. Mit Kurkuma lässt sich also Arteriosklerose und ihren Folgeerkrankungen (Herzinfarkt, Schlaganfall) vorbeugen. Darüber hinaus besitzt Gelbwurz den großen Vorteil, dass sie ihre Wirkung auf Herz und Kreislauf bereits in relativ geringer Dosierung entfaltet. Die gelben Farbstoffe wirken außerdem zusammen mit den ätherischen Ölen in starkem Maß entzündungshemmend und antibiotisch, vor allem gegenüber Bakterien und Pilzen. In jüngster Zeit wurden auch Krebs hemmende Wirkungen beobachtet, hierzu sind jedoch relativ hohe Dosierungen nötig.

Kurkuma wird in Indien in Form einer Breiauflage als Schönheitsmaske verwendet. Vorsicht: Diese Maske hinterlässt einen deutlich gelben Farbton auf der Haut.

Kurkuma in der Gewürzküche

Kurkuma besitzt einen dezent aromatischen, pfeffrigfrischen Geruch, der an den von Ingwer erinnert. Ihr Geschmack hingegen lässt an Moschus denken: ausgesprochen scharf und bitter. Gelbwurz findet sich im Currypulver und ist auch sonst unentbehrlich zum Würzen indischer, chinesischer und südostasiatischer Gerichte. Hierzulande wird Kurkuma gerne dem Senf untergemischt. Aufgrund der gelben Farbstoffe ist Kurkuma auch eine optische Bereicherung vieler Gerichte.

Liebstöckel

Art und Herkunft

Die Römer brachten den Liebstöckel vom Iran nach Europa, wo er zunächst auf nur wenig Gegenliebe traf. Die zwei Meter hoch wachsende Pflanze sollte sich erst in Nordeuropa heimisch fühlen. Heute wächst Liebstöckel, der aufgrund seines Aromas zu Unrecht als Maggikraut bekannt ist, auch in unseren Breiten.

Liebstöckel ist ein ausgezeichneter Salzersatz für Menschen, die aufgrund einer Diät (beispielsweise wegen Bluthochdruck) ihren Kochsalzkonsum reduzieren müssen.

Liebstöckel ist eine Pflanze mit ätherischen Ölen aus der Familie der Doldengewächse. Verwendung finden ihre Blätter und Wurzeln, wobei zu Heilzwecken eher die Wurzeln, zum Würzen hingegen die Blätter geeignet sind. In hiesigen Küchen wird sie selten verwendet, dafür ist sie in Südeuropa umso beliebter.

Heilende Substanzen

In den Liebstöckelwurzeln finden sich vor allem die ätherischen Öle Butylphythalid, Ligustilid, Kumarin, Umbelliferon, Bergapten und Psoralen. Sie machen die Wurzeln zu einem wirksamen harntreibenden Mittel und helfen damit bei der Prophylaxe und Heilung von Ödemen, Gicht und Harnsteinerkrankungen. Liebstöckel ist in zahlreichen Blasen- und Nierentees.

Die Blätter des Liebstöckels enthalten überdurchschnittlich viele Karotinoide und Vitamin E. Diese bei-

Die kleine Gewürzapotheke

Liebstöckel eignet sich zur Vorbeugung und Heilung von

- Blutarmut
- Karies
- Knochenschwund
- Kropf

den Substanzen unterstützen das Immunsystem und schützen sowohl Körperzellen als auch wichtige Biostoffe vor dem Angriff aggressiver Substanzen. Sie spielen dadurch eine wichtige Rolle bei der Vorbeugung von Krebstumoren.
Auch der hohe Mineralanteil der Blätter kann sich sehen lassen: Mangan, Kalium, Kalzium, Eisen, Zink, Fluor und Jod. Der regelmäßige Verzehr von Liebstöckelblättern trägt somit zur Deckung des täglichen Mineralienbedarfs und zur Vorbeugung von Mangelerkrankungen bei.

Das Wort »Liebstöckel« ist wahrscheinlich nichts anderes als eine Verballhornung des Namens des ursprünglichen Anbaugebiets Ligurien.

Liebstöckel in der Gewürzküche

In der Küche werden eher die Blätter dieser Heil- und Würzpflanze als ihre Wurzeln verwendet. Das Aroma des Liebstöckels ist sehr intensiv und erinnert an Sellerie. Das Gewürz schmeckt pikant, ist aber nicht dominant. Deshalb ist Liebstöckel ein ideales Verstärkungsgewürz, das heißt, es zwingt den Speisen nicht seinen eigenen Stempel auf, sondern betont den Eigengeschmack der Nahrungsmittel – vor allem bei Fleisch. Er passt zu Bohnensuppe, Linseneintopf, Kartoffelsuppe und Fleischsauce genauso wie zu Fisch, Salaten, Quark Joghurt und Tofu. Nur Spargel und Süßspeisen sollten nicht mit Liebstöckel gewürzt werden.
Kaufen Sie am besten die kompletten, frischen Blätter, um sie dann bei Bedarf klein zu hacken. Getrocknete Ware ist ärmer an Geschmack und Aroma. Im Unterschied zu anderen Grünkräutern, wie etwa der Petersilie, gewinnt Liebstöckel beim Kochen durchaus an Geschmack, er kann den Speisen also frühzeitig zugegeben werden.

Majoran

Art und Herkunft

Inhalationen mit Majorantee (2 Esslöffel auf 1/2 Liter Wasser) helfen bei Schnupfen und Bronchitis.

Die Majoranpflanze stammt ursprünglich aus Indien, wird inzwischen jedoch auch hierzulande häufig verwendet. Schon in der Antike war ihre große Heilkraft bekannt, die Göttin Venus soll sie hauptsächlich aus diesem Grund am Fuß des Olymp angepflanzt haben. Majoran ist eine Pflanze mit ätherischen Ölen aus der Familie der Lippenblütler.

Heilende Substanzen

Das ätherische Öl des Majorans setzt sich aus über 50 Einzelkomponenten zusammen. 25 Prozent davon bestehen aus cis-Sabinenhydrat, das für den typischen Geruch der Pflanze verantwortlich ist. Diese Substanz wirkt verdauungsfördernd, hemmt Blähungen und zeigt krampflindernde Effekte.

Die Rosmarinsäure im Majoran wirkt ähnlich auf die Gallenwege und den Dünndarm und besitzt zudem antioxidative Eigenschaften. Diese entfalten einen Krebs und Bakterien hemmenden Effekt. Der Majoranwirkstoff Hydrochinon heilt Entzündungen und Infektionen der Harnwege, in größeren Mengen steht er allerdings auch in Verdacht, Krebs erregend zu sein. Deshalb sollten Sie Ihre Speisen nicht über einen längeren Zeitraum täglich mit Majoran würzen! Äußerliche Anwendungen sind dagegen völlig risikofrei. Überragend sind darüber hinaus der Kalzium- und Eisenanteil dieser Würzpflanze. Damit eignet sich Majoran bestens zur Therapie und Vorbeugung von

Osteoporose und Blutarmut. Auch Fluor, Kupfer und Magnesium sind im Majoran überdurchschnittlich stark vertreten.

Majoran in der Gewürzküche

Mit Majoran werden deftige Speisen leichter verdaulich und länger haltbar. Die deutsche Blut- und Leberwurst verdankt ihren Ruf nicht zuletzt diesem Gewürz. Der Geschmack der Würzpflanze erinnert an den ihm verwandten Oregano, das Aroma ist herb und pfeffrig. Majoran passt zu Speck, Schinken, Schweinebauch, Schweinegulasch, Wurst, Gegrilltem und Innereien. Knödeln und Kartoffeln verleiht Majoran einen interessanten Beigeschmack. Um das Aroma zu schonen, sollte das Gewürz nicht mitgekocht werden.
Eine kulinarische Empfehlung: Streuen Sie Majoran über gekochten Spinat. Er bekommt dadurch eine besondere Note, die auch skeptische Kinder zu überzeugen vermag. Majoran schmeckt nicht nur frisch, sondern ist auch als Trockenpulver empfehlenswert.

Die Rosmarinsäure und die ätherischen Öle im Majoran fördern – äußerlich aufgetragen – die Hautdurchblutung und unterstützen damit Wärmetherapien.

Der besondere Tipp

Majoranessenz löst Ohrenschmalz: Träufeln Sie hoch dosierten Majorantee (1 Esslöffel auf 1 Tasse Wasser) – 1-mal pro Stunde vorsichtig in die Ohren. Die Essenz hat sich bei der Lösung von hartnäckigem Ohrenschmalz bewährt.

Die kleine Gewürzapotheke

Majoran eignet sich zur Vorbeugung und Heilung von

- Blähungen
- Darmkoliken
- Durchfall
- Gastritis
- Nervenschwäche
- Reizmagen

Muskatnuss

Art und Herkunft

Die Muskatnuss wurde erst im 16. Jahrhundert für die Küche entdeckt, als die Portugiesen damit zu handeln begannen. Zuvor diente sie zum Ausräuchern von Räumen, die von Ungeziefer befallen waren.

Der Muskatbaum stammt ursprünglich von den Molukken und wird heute vorzugsweise in Indien angebaut. Die Pflanze liefert eigentlich zwei Gewürze: den Mantel der Samen (Mazis) und den Samenkern, der weitläufig als Muskatnuss bekannt ist. Die Muskatnuss wurde schon im alten China als Schmerz- und Beruhigungsmittel eingesetzt. In der Medizin spielt sie kaum noch eine Rolle, aus den Küchen ist sie jedoch nicht mehr wegzudenken.

Heilende Substanzen

Die Muskatnuss enthält große Mengen an fetten und ätherischen Ölen. Äußerlich angewendet wirken diese Substanzen hautreizend und durchblutungsfördernd, innerlich schleimlösend und leicht antibiotisch. Für Wärmetherapien sowie zur Behandlung von Infektionen der oberen Atemwege wird die Muskatnuss daher äußerlich angewandt. Die beiden Wirkstoffe Myristizin und Elimizin werden im Körper zu amphetaminähnlichen Verbindungen umgebaut. In großen Mengen verzehrt, erzeugt Muskatnuss Halluzinationen, bei Schwangeren kann sie zu Früh- und Fehlgeburten führen. Vor dem Verzehr ganzer Nüsse oder einem Teeaufguss mit Muskatnuss sei gewarnt.

Die kleine Gewürzapotheke

Muskatnuss eignet sich zur Wärmetherapie bei

- Gelenkentzündungen
- Rheumatischen Erkrankungen
- Muskelzerrungen
- Verstauchungen

Muskatnuss in der Gewürzküche

Muskatnüsse verströmen ein intensives und unvergleichliches Aroma, ihr Geschmack ist feurig süß. In der Küche sind sie vielseitig einsetzbar, zu süßen Speisen genauso wie zu salzigen und sauren Mahlzeiten.

Die Araber würzen mit Muskat ihre Lamm- und Schaffleischgerichte, die Italiener Kalbfleisch und gemischtes Gemüse. Regelrechte Muskatnarren sind die Holländer, die das Gewürz zu Makkaroni, Kartoffelbrei, Weißkohl, Blumenkohl und Spinat sowie zu Honigkuchen und Fruchtpuddings verwenden.

Die im Handel erhältlichen Muskatnüsse können in der Qualität sehr unterschiedlich sein. Grundsätzlich gilt: Je höher ihr Gehalt an ätherischem Öl, desto besser ihr Geschmack. Der Ölgehalt ist in der originalen Muskatnuss Myristica fragrans am höchsten. Die Papuamuskatnuss Myristica argentea schmeckt weniger intensiv, verbreitet dafür einen strengen, bisweilen unangenehmen Geruch. Kaufen Sie nur die ganzen Nüsse und nicht das geschmacksarme Muskatpulver! Die Früchte kann man problemlos mit der Muskatreibe gewürzfertig machen.

Wohl dosiert stellt die Muskatnuss ein gesundes und schmackhaftes Gewürz dar. In großen Mengen eingenommen wirkt sie jedoch schädlich.

Der besondere Tipp

Muskatmilch als Schlaftrunk: Erhitzen Sie 1 große Tasse Milch (mindestens 250 Milliliter). Rühren Sie 1 Messerspitze zerriebene Muskatnuss und 1 Teelöffel Mandelmus unter. Mit braunem Zucker süßen. Trinken Sie den Schlaftrunk etwa 1 Stunde vor dem Zubettgehen.

Paprika

Art und Herkunft

Paprika wird auch spanischer Pfeffer genannt, weil ihn die Spanier lange Zeit alleine anbauten.

Die ursprüngliche Heimat des Paprikas sind die Tropen und Subtropen Südamerikas. Kolumbus brachte den Paprika nach Europa, wo er in höheren Kreisen bald zum Modegewürz wurde: »süß wie die Sünde und scharf wie der Teufel«.

Paprika ist ein Nachtschattengewächs, das als Gemüse ebenso in allen Haushalten zu finden ist wie in getrockneter und pulverisierter Form als Gewürz.

Heilende Substanzen

Der bedeutendste Wirkstoff in der Paprikapflanze ist das Kapsaizin. Es verhindert die Blutgerinnung und macht das Blut flüssiger. Dadurch werden Stauungen in den Blutgefäßen verhindert, womit das Risiko von Durchblutungsstörungen, Herzinfarkten und Schlaganfällen sinkt. Zudem regt Kapsaizin die Magensaftproduktion an und wirkt vorbeugend bei Migräneanfällen.

Paprikapulver enthält höhere Mengen an Kapsaizin als das Frischgemüse – es sei denn, man isst bei der Frucht auch die Trennwände und Kerne mit, die diese Substanz in besonders hoher Konzentration enthalten.

Die kleine Gewürzapotheke

Paprika eignet sich zur Vorbeugung und Heilung von

- Arteriosklerose
- Durchblutungsstörungen
- Konzentrationsschwäche
- Lernschwäche
- Magenschwäche
- Migräne

Des Weitern findet sich in rotem und gelbem Paprika eine Vielzahl an Karotinoiden. Sie wirken entzündungshemmend und antibiotisch. Wer diese heilende Wirkung mit dem Gewürz erzielen will, muss jedoch große Mengen davon verzehren. Der hohe Vitamin-C-Gehalt der frischen Paprikafrüchte geht im Paprikapulver verloren. Vorsicht: Kapsaizin wird in großen Mengen zum Reizgift, das den Verdauungsapparat empfindlich stören kann.

In der Pflanzenheilkunde existieren zahlreiche Präparate zur äußerlichen Anwendung mit dem Wirkstoff Kapsaizin. Sie erzeugen zwar ein angenehmes Wärmegefühl auf der Haut, lindern jedoch keine Muskel- oder Gelenkentzündungen.

Paprika in der Gewürzküche

- Der Delikatesspaprika mit seinem kaum spürbaren Eigengeschmack, dem sanften Duft und der intensiven Färbung eignet sich vor allem für jene Speisen, die eine kräftige rötliche Farbe bekommen sollen. Er unterstützt die Schärfe von Pfeffer und verströmt ein anregendes Aroma.
- Der hellrote Rosenpaprika färbt die Speisen weniger, ist dafür aber so scharf, dass man ihn als Pfefferersatz nehmen kann.
- Der dunkelrote, edelsüße Paprika schließlich ist vielfältig einsetzbar. Er schmeckt mittelscharf, aromatisch und leicht süßlich. Dieses Gewürz gehört nicht nur zu ungarischen und österreichischen Fleischgerichten, sondern lässt sich auch vorzüglich auf Bratfisch, Käse und Quarkspeisen genießen.

Der besondere Tipp

Geben Sie Paprikapulver niemals in siedendes Fett! Das lässt nämlich seinen Zuckergehalt auskristallisieren. Damit verliert das Gewürz seine rote Farbe und bekommt einen bitteren Geschmack. Geben Sie Paprika deshalb immer erst ins erhitzte Fett oder direkt auf das fertige Pfannengericht.

Petersilie

Art und Herkunft

Achtung: Die Blätter der so genannten Hundspetersilie, Aethuse cynapium, sind giftig. Man erkennt sie an ihrem unangenehmen Geruch und der glänzenden Unterseite.

Die Petersilie wurde bereits in der Antike als Heilpflanze geschätzt. Man bescheinigte ihr harntreibende und menstruationsfördernde Wirkung. Im 16. Jahrhundert wanderte das Kraut aus den Taschen der Ärzte mehr und mehr in die Töpfe der Köche.
Petersilie ist eine Pflanze mit ätherischen Ölen aus der Familie der Doldengewächse.

Heilende Substanzen

Petersilie ist ein ergiebiger Vitaminträger. Sie enthält hohe Anteile an Vitamin C, Vitamin E, Folsäure und Niazin. Dies macht die Würzpflanze zu einem bedeutenden Heilmittel bei Infektionen und Abwehrschwäche. Niazin und Folsäure fördern zudem die Blutbildung und die Arbeit der Hirn- und Nervenzellen. Darüber hinaus versorgen ihre überragenden Anteile an Kalium, Kalzium und Eisen den Körper mit diesen wichtigen Biostoffen. Therapeutisch bedeutend ist auch

Die kleine Gewürzapotheke

Petersilie eignet sich zur Vorbeugung und Heilung von

- Arteriosklerose
- Blasenschwäche
- Bluthochdruck
- Brust-, Lungen- und Magenkrebs
- Diabetes
- Eisenmangel
- Entzündungen der Harnwege
- Erkältungen
- Gelbsucht
- Grippalen Infekten
- Harnsteinen
- Herpesinfektionen
- Insektenstichen (sowohl innerlich als auch äußerlich in Form von Einreibungen mit frischem Petersilienkraut)
- Osteoporose
- Schwacher Periode

das Apiol. Es regt die Verdauung, die Nierentätigkeit und die Menstruation an und wirkt außerdem keimtötend. Schließlich finden sich in der Petersilie zahlreiche Flavonoide. Diese Stoffe wirken Krebs hemmend, antibiotisch (vor allem auf Herpesviren) und antioxidativ.

Petersilie in der Gewürzküche

In warmen Gerichten wird der herbe Geschmack der Petersilie verstärkt, wobei die glatten Blätter des Krauts erst beim Servieren hinzukommen sollten. Gekochte Petersilie hat sowohl ihren Geschmack als auch den Vitamin-C-Gehalt verloren. Suppengrün ohne Petersilie ist unvorstellbar. Sie gehört zum Bouquet garni, zu den fines herbes und den Kräutern für Frankfurter Grüne Sauce sowie zur französischen Kräutermischung Persillade. Wer die ganze Würzkraft der Petersilie erleben will, sollte nur frisches Kraut verwenden. Die getrocknete und gepulverte Ware ist ebenso unansehnlich wie geschmacksarm. Auch Petersilie aus der Tiefkühltruhe ist allenfalls noch grün, besitzt jedoch keinen Geschmack mehr.

Vielleicht ist dem Genießer schon einmal aufgefallen, dass Petersilie im Geschmack der Muskatnuss sehr ähnlich ist. Dies liegt am ätherischen Öl Myristizin, das in beiden Gewürzen zu finden ist.

Warnung

Große Mengen des Petersilienwirkstoffs Apiol können Frühgeburten auslösen, oftmals einhergehend mit erheblichen Nebenwirkungen auf Nerven und Nieren. Nach heutigem Forschungsstand muss entschieden davor gewarnt werden, während der Schwangerschaft größere Mengen an Petersilie zu essen. Gegen ihren wohl dosierten Einsatz als Gewürz ist freilich nichts einzuwenden.

Pfeffer

Art und Herkunft

Mit dem Wort »Pfeffer« werden schwarzer, weißer und grüner Pfeffer sowie Chili-, Nelken-, Cayenne- und spanischer Pfeffer bezeichnet. In deutschen Küchen dominieren schwarzer, weißer und grüner Pfeffer, die allesamt vom schwarzen Pfefferstrauch Piper nigrum abstammen, der in Südindien beheimatet ist. Zunehmend beliebter wird der Cayennepfeffer vom Nachtschattengewächs Capsicum frutescens. Spanischer Pfeffer ist Paprika (siehe Seite 58f.).

Früher glaubte man, dass Pfeffer aufgrund seiner Schärfe Magengeschwüre und Darmkrebs verursache. Neuere Studien beweisen das Gegenteil. Demnach regt Pfeffer die Produktion von Magensäure an, hat aber keinen Einfluss auf die Entstehung von Geschwüren.

Heilende Substanzen

Unter den Wirkstoffen von schwarzem, weißem und grünem Pfeffer dominiert das Piperin. Es verursacht in Rachen, Speiseröhre und Magen einen deutlichen Wärmereiz, der auf die anderen Organe übergeht. Dieser Effekt hat zur Folge, dass wir uns warm durchflutet und wohlig entspannt fühlen. Des Weiteren wird der Stoffwechsel angeregt, wir verbrennen mehr Kalorien, und der Cholesterinspiegel sinkt. Schließlich fließt mehr Blut in den Darm, was die Verdauung verbessert. Piperin regt außerdem die Speichelsekretion an.

Im Cayennepfeffer dominiert der Scharfstoff Kapsaizin, der ähnliche Wirkungen hervorruft wie Piperin.

Die kleine Gewürzapotheke

Pfeffer eignet sich zur Vorbeugung und Heilung von

- Angina pectoris
- Herzinfarkt
- Kalten Händen und Füßen
- Speichelmangel
- Übergewicht
- Verdauungsschwäche

Cayennepfeffer enthält außerdem eine große Menge an Karotinoiden, deren antioxidative Wirkung ihn zu einem wirkungsvollen Vorbeugungsmittel gegen Darmkrebs macht.

Äußerlich aufgetragen erzeugt Cayennepfeffer ein leicht brennendes Gefühl auf der Haut. Innerlich eingenommen wirkt Cayennepfeffer vorbeugend gegen Darmkrebs.

Pfeffer in der Gewürzküche

Eigentlich gibt es kein Gericht, zu dem Pfeffer nicht passen würde. Selbst einige Süßspeisen können mit ihm noch etwas aufgepeppt werden.

- Piper nigrum liefert schwarzen, weißen und grünen Pfeffer. Werden die orangeroten Beeren vollreif geerntet und anschließend zur Fermentation auf große Haufen geworfen, lässt sich kurz darauf das weiche Fruchtfleisch samt Schale herunterwaschen. Die so gewonnenen weißen Pfeffersamen schmecken mittelscharf und sehr aromatisch.
- Die unreifen Früchte des grünen Pfeffers werden in saurer Salzlake eingelegt. Dadurch erhält das Gewürz seine Farbe und sein intensives Aroma. Grüner Pfeffer ist sehr scharf und schmeckt leicht salzig.
- Preiswerter ist der schwarze Pfeffer, dessen unreife Beeren an der Luft zum Trocknen ausgelegt werden.

Alle Pfeffersorten schmecken intensiver, wenn sie ungemahlen in ganzen Früchten gekauft und erst bei Bedarf in der Mühle zerkleinert werden.

- Cayennepfeffer schließlich stammt von einem anderen Gewächs und unterscheidet sich daher auch in seinem Gewürzprofil. Er enthält wenige ätherische Öle, dafür aber umso mehr von dem Scharfmacher Kapsaizin. Cayennepfeffer ist kein Universalgewürz. Am besten schmeckt er in Begleitung von Fleisch und Nüssen.

Pfefferminze

Art und Herkunft

Die Pfefferminze wurde schon in der Antike zur Behandlung von Kopfschmerzen eingesetzt. Später geriet diese Heilwirkung zu Unrecht lange in Vergessenheit.

Schon im alten Rom feierte man die Pfefferminze als optimales Fleischgewürz. In Klostergärten schätzte man sie früher als Heilmittel gegen Würmer. In der Volksmedizin zählt sie neben der Kamille zu den gebräuchlichsten Heilpflanzen überhaupt. Sie ist eine Pflanze mit ätherischen Ölen aus der Familie der Lippenblütler.

Heilende Substanzen

Die bedeutendste Substanz in der Pfefferminze ist das Menthol. Es gehört zu den ätherischen Ölen mit stark krampflösendem Effekt. Daneben wirkt Menthol leicht betäubend auf die Magenschleimhaut und regt den Gallenfluss an. Als Heilmittel hilft Pfefferminze bei Koliken und Magenreizungen, der verstärkte Gallenfluss wirkt sich positiv auf den Fettstoffwechsel aus. Sogar bei Spannungskopfschmerzen bietet sie Abhilfe. Neben dem Menthol enthält sie andere Substanzen, die bei lokaler Anwendung auf der Haut – beispielsweise auf Stirn und Schläfen – kühlend und schmerzlindernd wirken. Weitere Wirkstoffe sind die beiden Enzyme Peroxidase und Katalase, die für die reibungslose Arbeit der roten und weißen Blutkörperchen unentbehrlich sind. Die Pfefferminze wird dadurch zu einem wirksamen Immun- und Blutkräftigungsmittel.

Schließlich enthält diese Würzpflanze enorm viele B-Vitamine, vor allem Riboflavin, Niazin und Folsäure. Der belebende Effekt der Pfefferminze muss auch zu einem großen Teil auf diese nerven- und gehirnaktivierenden Vitamine zurückgeführt werden. Ihr Anteil ist in den frischen Blättern am höchsten.

Pfefferminze in der Gewürzküche

Pfefferminze schmeckt erfrischend, würzig und ein wenig brennend. Sie neigt dazu, andere Geschmacksnoten zu erdrücken. Hohe Dosierungen empfehlen sich nur, wenn man von den therapeutischen Effekten der Minze profitieren will. Für rein kulinarische Zwecke sollte sie eher sparsam eingesetzt werden. Unter dieser Voraussetzung passt sie zu Gemüse, Hülsenfrüchten, Fleisch und allerlei Saucen. In der arabischen Küche gehört sie zu den beliebten Gewürzen. Dort schätzt man sie besonders als Zusatz zu Getränken, etwa zu grünem Tee.

Frische und getrocknete Pfefferminzblätter unter dem Kopfkissen halten Mücken fern. In Schränken deponiert, vertreiben sie Motten.

Warnung

In hohen Dosierungen kann Pfefferminze giftig sein. Bestimmte ätherische Öle setzen dann am Zellgewebe Oxidationen in Gang. Die Dosis von drei Gramm Pfefferminzblättern bei Erwachsenen und zwei Gramm bei Kindern ist das Maximum. Für eine längere Anwendung bei Verdauungsbeschwerden ist Kümmel besser.

Die kleine Gewürzapotheke

Pfefferminze eignet sich zur Vorbeugung und Heilung von

- Blähungen
- Husten
- Dreimonatskoliken bei Babys
- Magenkrämpfen
- Durchfall
- Mundgeruch

Rosmarin

Art und Herkunft

Rosmarin ist ein ausgesprochen »poetisches« Kraut. In der römischen Mythologie verliehen die Götter einem Mädchen ewiges Leben, indem sie es in die Blume Rosemarie verwandelten. Ophelia knüpft im Hamlet einen Rosmarinkranz als Zeichen ihrer Treue.

Hierzulande konnte sich Rosmarin in erster Linie als Medikament durchsetzen. In südlichen Ländern ist er dagegen vor allem als Küchengewürz sehr beliebt. Rosmarin ist eine Pflanze mit ätherischen Ölen aus der Familie der Lippenblütler.

Seinen Namen verdankt Rosmarin dem lateinischen ros marinus, was Meertau bedeutet. Wahrscheinlich geht der Name auf seine zartblauen Blüten zurück.

Heilende Substanzen

Rosmarin zählt zu den qualitativ besten Heilkräutern. Er enthält eine breite Palette ätherischer Öle von Borneol über Cineol und Kampfer bis zum Pinen. Ferner beeindruckt er durch hohe Anteile an Kalzium, Eisen, Niazin und Vitamin C. Die ätherischen Öle wirken bei innerlicher Anwendung verdauungsfördernd, gallenblasenanregend, herzkräftigend und kreislaufstabilisierend. Rosmarin gilt traditionell als wichtige Heilpflanze bei der Vorbeugung und Therapie von Herzerkrankungen. Mit 8,5 Milligramm auf 100 Gramm zählt Rosmarin schließlich zu den Spitzenreitern unter den Eisenliefe-

Die kleine Gewürzapotheke

Rosmarin eignet sich zur Vorbeugung und Heilung von

- Angina pectoris
- Erschöpfung
- Gallenblasenbeschwerden
- Herzinfarkt
- Herzschwäche
- Niedrigem Blutdruck

ranten. Das Rosmarinaroma macht uns hellwach und steigert die Energie. Rosmarinöl oder -bäder fördern die Durchblutung. Bei Sportverletzungen und rheumatischen Beschwerden wird die Pflanze in der Wärmetherapie eingesetzt.

Rosmarin ist ein typischer Strauch der Mittelmeerregion. Dort wird er auch am häufigsten kultiviert und in der Küche verwendet.

Rosmarin in der Gewürzküche

Rosmarin schmeckt frisch und leicht bitter. Der Geruch seiner ätherischen Öle erinnert ein wenig an den von Kiefern und Weihrauch. Frische Rosmarinblätter besitzen ein recht intensives Kampferaroma, das nicht jedermanns Sache ist.

Spitzenreiter in der Verwendung von Rosmarin sind die Köche Italiens. Rosmarin passt zu allen Fleischspeisen sowie zu Fisch, Nudeln, Tomaten, Käse und Pilzen. Besonders pikant und gesundheitlich wertvoll sind Rosmarinwein und Rosmarinhonig. Pfarrer Kneipp verschrieb Rosmarinwein zur Kräftigung des Herzes und zur Beseitigung von niedrigem Blutdruck. Zum Würzen ist getrockneter Rosmarin am besten geeignet. Kaufen Sie die ganzen Blätter, um sie dann bei Bedarf über dem Essen zu zerreiben. Bereits vorgefertigtes Rosmarinpulver besitzt nur noch sehr wenig Würzkraft.

Der besondere Tipp

Rosmarinwein zur Herz-Kreislauf-Stärkung (nach Kneipp): Mischen Sie 1 Liter Rotwein mit 20 Gramm getrockneten oder frischen Rosmarinblättern. Lassen Sie die Mischung 3 bis 5 Tage verschlossen ziehen, dann abseihen. Trinken Sie davon 1 Glas zu den Mahlzeiten.

Safran

Art und Herkunft

Das Edelgewürz Safran stärkt unsere Verdauung und sorgt für eine wohlige Durchwärmung des ganzen Körpers.

Safran wurde ursprünglich in Kleinasien angebaut, und schon die Ägypter und Römer nutzten ihn als Medikament und Parfüm sowie zur Veredelung von Wein und anderen Lebensmitteln. Safran ist das teuerste Gewürz der Welt. Ein Gramm kostet etwa so viel wie 400 Gramm Ingwer oder 700 Gramm Koriander. Die Narben des Safrankrokus sind sehr klein und müssen von Hand gepflückt werden. 20 000 von ihnen ergeben ganze 125 Gramm des Gewürzes.

Safran ist eine Pflanze mit ätherischen Ölen aus der Familie der Irisgewächse. Heute kommt Safran aus Griechenland, aus dem Iran, aus Marokko und Kaschmir. Den besten Safran liefert jedoch seit jeher Spanien, wo er als Küchengewürz auch fest etabliert ist.

Heilende Substanzen

Safran verfügt über ein ganz besonderes Wirkstoffprofil. Herausragend ist sein Gehalt an Krozin, dem gelben, wasserlöslichen Farbstoff, der den Mahlzeiten seine typische Färbung verleiht. Der Safranbitterstoff Pikrokrozin wirkt appetitanregend. Die ätherischen Öle – unter ihnen vor allem Safranal – regen die Magensaftsekretion an, in hohen Dosierungen aktivieren sie die Muskulatur der Gebärmutter. Safran enthält große Mengen an B-Vitaminen, vor allem an Riboflavin. Dieser Biostoff kurbelt als Enzymbestandteil die Energieproduktion aus Fetten und Kohlenhydraten an. Riboflavinmangel führt zu

geröteter Zunge, aufgesprungenen Lippen, Haarschuppen, Konzentrationsmangel, Lichtempfindlichkeit und Muskelschwäche.
Der Verzehr von Safran in hohen Dosierungen (über fünf Gramm) erhöht das Risiko von Früh- und Fehlgeburten.

Safran ist sehr teuer, aber trotzdem lohnt sich die Anschaffung. Die Würzkraft der Fäden ist einzigartig, kleinste Mengen reichen, um einer Mahlzeit den unverwechselbaren Safrancharakter zu verleihen.

Safran in der Gewürzküche

Safran besitzt einen ganz eigenen Charakter. Sein Geruch ist überaus intensiv, sein Geschmack bitter und hocharomatisch. Darüber hinaus besitzt Safran eine starke Färbekraft. Die ganz großen Safranzeiten sind vorbei, selbst in seiner kleinasiatischen Urheimat wird er nur noch selten verwendet. Dies hat sicherlich etwas mit seinem enormen Preis zu tun. Safranhochburgen sind derzeit Spanien mit seiner Paella und den Zarzuelas, Frankreich mit der Fischsuppe Bouillabaisse und Italien mit seinem Risotto. In England verwendet man ihn für Süßspeisen und Liköre.
Safran eignet sich als Gewürz zu Fisch, Lamm, Hammel, geschmortem Gemüse, Frischkäse und Obst sowie zu Gebäck.
Ganz wichtig: Streuen Sie den Safran nicht direkt in die Speisen (Ausnahme: Suppen und Saucen), sondern lösen Sie ihn erst einmal in etwas Milch oder heißem Wasser auf. Nur so kann sich das Gewürz vollständig und gleichmäßig im Essen verteilen.

Die kleine Gewürzapotheke

Safran eignet sich zur Vorbeugung und Heilung von

- Haarschuppen
- Konzentrationsschwäche
- Lichtempfindlichkeit
- Lippenrissen
- Magenträgheit
- Muskelschwäche

Salbei

Art und Herkunft

Auf der Welt gibt es insgesamt 900 unterschiedliche Salbeiarten. Die meisten wachsen in Mittelmeerländern. Nur wenige von ihnen, z. B. Salvia officinale und Salvia triloba, werden extra zu Heilzwecken angebaut. In Deutschland dominiert der Gartensalbei Salvia officinalis, der auch in verwildeter Form vorkommt. Salbei gehört zu den Pflanzen mit ätherischen Ölen.

Salbei sollte nie in größeren Mengen verzehrt werden, da er Schwindelanfälle und Übelkeit auslösen kann. Beim normalen Würzen besteht keine Gefahr.

Heilende Substanzen

Hauptwirkstoffe des Salbeis sind die ätherischen Öle. Sie beeinflussen das Wärmeregulationszentrum im Gehirn und mindern damit die Schweißabsonderung. Aufgrund dieser Eigenschaften zählt Salbei zu den wichtigsten schweißhemmenden Heilpflanzen. Einige ätherische Öle des Salbeis wirken außerdem entzündungshemmend, antiseptisch und durchblutungsfördernd. Der Salbeiwirkstoff Salvin wirkt ähnlich wie das Penizillin. Er tötet bestimmte Bakterien ab, wie etwa den Staphylococcus aureus. Dieser Mikroorganismus siedelt sich schon kurz nach unserer Geburt im oberen Nasen-Rachen-Raum an. Wenn dieser verletzt wird

Die kleine Gewürzapotheke

Salbei eignet sich zur Vorbeugung und Heilung von

- Blähungen
- Darmentzündungen
- Durchfall
- Grippalen Infekten
- Halsentzündungen
- Magenentzündungen
- Nachtschweiß
- Rachenentzündungen
- Starker Schweißabsonderung
- Zahnfleischentzündungen

oder eine Immunschwäche vorliegt, sorgt er für allerlei Krankheiten, vom Abszess bis hin zur Blutvergiftung. Die im Salbei enthaltene Rosmarinsäure hemmt Entzündungen, indem sie zwei Enzyme blockiert, die für Schwellungen, Rötungen und Schmerzen verantwortlich sind. Außerdem wirkt die Rosmarinsäure adstringierend (zusammenziehend). Bei Entzündungen dichtet sie die oberen Zellschichten ab und hemmt die Sekretion des entzündeten Gewebes. So bleibt die erkrankte Stelle vor Umweltreizen geschützt und trocken. Der Heilungsverlauf wird dadurch erheblich beschleunigt. Salbei hemmt auch die Milchproduktion. Mit Salbeitee kann das Abstillen erleichtert werden. Deshalb sollten noch stillende Mütter auf Salbei verzichten.

Ein alter Spruch besagt: »Nimm häufig Salbei an die Speis und du wirst nie ein Tattergreis.«

Salbei in der Gewürzküche

Salbei wird in der Küche immer noch stark unterschätzt und vernachlässigt. Das Kraut schmeckt in getrocknetem Zustand betont bitter, weshalb es sparsam verwendet werden sollte. Wohl dosiert ist Salbei ein ideales Gewürz für Fleisch, Fisch und Gemüse, in der französischen Küche wird er gerne den Gänsefüllungen zugemischt. Allzu süße Obstsalate können mit Salbei wirksam gemildert werden, er ist der Retter, wenn der Griff in die Zuckerdose zu tief ausgefallen ist oder überreife Früchte verwendet wurden.

Der grundsätzliche Charakter des Salbeis ist die Kühle – damit unterscheidet er sich von Heißmachern wie Pfeffer oder Chili. Mit seinen hell- bis violettblauen Blüten ist der Salbei zudem ein dekoratives Gartengewürz.

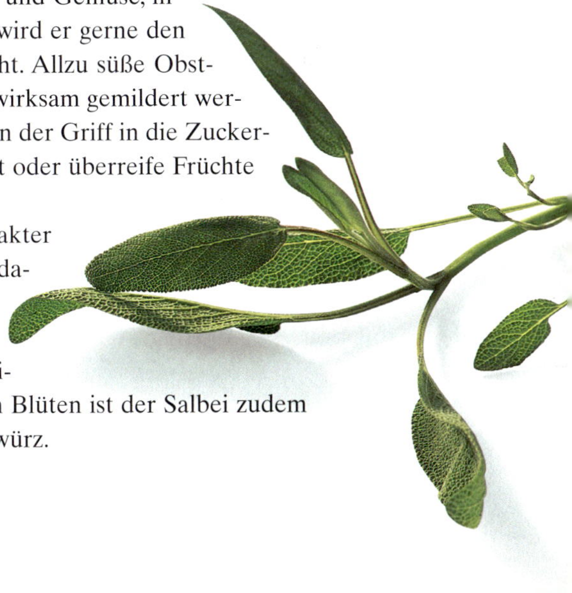

Schwarzkümmel

Art und Herkunft

Schon die Ägypter aus der Pharaonenzeit streuten Schwarzkümmel auf ihr Fladenbrot, die Leibärzte Tutanchamuns wussten seine verdauungsfördernden und schmerzstillenden Eigenschaften zu schätzen. Im Europa des 17. Jahrhunderts setzte man ihn in Form von Puder und Duftwasser als Kosmetikum ein. Schwarzkümmel ist eine Pflanze mit ätherischen Ölen. Als Küchengewürz erreichte Schwarzkümmel hierzulande keine große Bedeutung – ganz im Unterschied zu Indien, wo er zu den Standardgewürzen gehört.

Unser Immunsystem muss sich täglich gegen die unterschiedlichsten Angriffe zur Wehr setzen. Mit Schwarzkümmel kann man die körpereigene Abwehr wirksam unterstützen.

Heilende Substanzen

Schwarzkümmel enthält eine breite Palette an ätherischen Ölen, darunter Pinen, Zymen, Linalool, Borneol, Karvon, Thymol. Außerdem findet man im Schwarzkümmel große Mengen an mehrfach ungesättigten Fettsäuren wie Linol- und Gamma-Linolensäure.

Seine ätherischen Öle machen Schwarzkümmel zu einem wertvollen Verdauungsförderer. Linol- und Gamma-Linolensäure unterstützen außerdem das Immunsystem, indem sie einerseits die Synthese bestimmter Immunregulatoren fördern, andererseits die Aktivität schmerz- und entzündungsauslösender Substanzen unterdrücken. Dadurch wird Schwarzkümmel zu einem wichtigen Heil- und Vorbeugungsmittel bei Abwehrschwäche, Allergien und entzündlichen Gelenkerkrankungen. Außerdem ist er erfolgreich in der Vor-

beugung und Therapie von Krebserkrankungen einsetzbar. Schwarzkümmelöl stärkt nicht nur das Immunsystem, sondern schützt die Körperzellen auch vor dem Angriff aggressiver Substanzen.
Regelmäßiges Würzen mit Schwarzkümmel beugt gegen Krebs vor, hoch dosierte Anwendungen mit Schwarzkümmelöl können chancenreich in der Therapie bereits bestehender Krebsgeschwüre eingesetzt werden.

In arabischen Ländern wird Kaffee gerne mit Schwarzkümmel gewürzt. Dazu brauchen Sie Ihrem Kaffeepulver nur etwas gemahlenen Schwarzkümmel zugeben. Schwarzkümmelkaffee ist sehr bekömmlich.

Schwarzkümmel in der Gewürzküche

Schwarzkümmel hat ein schwaches Aroma, sein Geschmack ist leicht nussig und herb. Im Unterschied zu den anderen Kümmelarten schmeckt er weniger intensiv, weswegen er in der indischen Küche ungemahlen Gemüse und Hülsenfrüchten beigegeben wird. In Indien, der Türkei und im Nahen Osten wird er auch geröstet aufs Brot gestreut. Gerade wegen seines schwachen Aromas und seines dezenten Geschmacks lässt sich Schwarzkümmel gut mit anderen Gewürzen wie Ajowan, Bohnenkraut, Knoblauch, Koriander und Thymian kombinieren.
Schwarzkümmel ist ein Bestandteil der Gewürzmischungen Curry und Garam Masala. Kaufen Sie am besten die kompletten Samen. Mit der Kaffemühle lassen sie sich problemlos zu Pulver verarbeiten.

Die kleine Gewürzapotheke

Schwarzkümmel eignet sich zur Vorbeugung und Heilung von

- Abwehrschwäche
- Allergischen Atemwegserkrankungen
- Arthritis
- Blähungen
- Neurodermitis
- Rheumatischen Erkrankungen

Thymian

Art und Herkunft

Ein alter Kräutersatz besagt: »Was die Pfefferminze für den Magen und Darm, ist der Thymian für Luftröhre und Bronchien.« Es gibt kaum ein besseres Medikament bei Erkrankungen der oberen Atemwege als Thymian.

Thymian stammt ursprünglich aus dem Mittelmeerraum. Die Griechen der Antike verwendeten ihn als Heil- und Gewürzpflanze sowie als Zutat für ihre Rauchopfer; daher stammt auch sein Name: thymiama heißt Rauchopfer.
Heute zählt Thymian zu den wichtigsten Medikamenten bei Bronchialerkrankungen wie Asthma, Bronchitis und grippalen Infekten. Thymian gehört zu den Pflanzen mit ätherischen Ölen.

Heilende Substanzen

Unter den ätherischen Ölen des Thymians dominieren der Thymiankampfer (Thymol) sowie Karvakrol und Zymol. Sie werden in den Blutkreislauf eingeschleust, um schließlich über die Atemwege wieder abgeatmet zu werden. Hierbei entfalten sie schleim- und krampflösende sowie stark antibiotische Eigenschaften. Thymol hemmt das Wachstum von schädlichen Bakterien und Pilzen und lähmt die Muskulatur krank machender Würmer. Thymian ist darüber hinaus ein wichtiger Eisenlieferant. Mit 55 Milligramm auf 100 Gramm kann

Die kleine Gewürzapotheke

Thymian eignet sich zur Vorbeugung und Heilung von

- Asthma
- Blutarmut
- Bronchitis
- Darmentzündungen
- Grippalen Infekten
- Keuchhusten
- Mandelentzündungen
- Rachenentzündungen
- Verdauungsstörungen
- Wurmerkrankungen

er bei Blutarmut wertvolle Hilfe leisten. Sein relativ hoher Zinkanteil unterstützt das Immunsystem. Die Gerbstoffe des Thymians verändern Eiweißstrukturen und entziehen dadurch schädlichen Bakterien in den Darmwänden die Überlebensgrundlage. Gemeinsam mit den antibiotischen Thymianölen sind sie ein wirksames Heilmittel bei Darminfektionen. Die Gerbstoffe des Thymians entfalten sich vor allem in Teemischungen mit Fenchelsamen.

Der Thymian-Fenchel-Tee (siehe unten) kann mit etwas Pfefferminze geschmacklich aufgebessert werden.

Thymian in der Gewürzküche

Thymian schmeckt streng und stark ätherisch, er darf daher nur sparsam verwendet werden, wenn die Speisen nicht zu »medizinisch« geraten sollen. Meister der Thymianwürze sind die Köche der französischen Provence, die ihn für die unterschiedlichsten Speisen einsetzen, vom Wildbraten über Gewürzgurken bis hin zum Kräuterlikör. Gerade Fleisch gewinnt durch Thymian nicht nur an Verdaulichkeit, sondern auch an Geschmack. Besonders pikant schmeckt er zu Lammbraten. Bei den Gemüsegerichten verleiht er vor allem Bohnen-, Tomaten- und Kartoffelsuppe sowie Pilzgemüse eine besondere Note. Bei Salaten empfiehlt er sich zu Bohnen, Tomaten, Kartoffeln und Roter Bete.

Der besondere Tipp

Thymian-Fenchel-Tee hilft bei Darminfektionen: Überbrühen Sie je 1 glatt gestrichenen Teelöffel Thymian und Fenchelsamen mit kochendem Wasser. Lassen Sie den Tee 10 Minuten ziehen. Dann abseihen und 3 Tassen pro Tag zu den Mahlzeiten trinken.

Zimt

Art und Herkunft

Zimt war schon vor 4500 Jahren bei den Chinesen als Gewürz beliebt. Im antiken Rom galt er als große Kostbarkeit, danach geriet er in Vergessenheit. Erst im 16. Jahrhundert entdeckten die Portugiesen Ceylon (das heutige Sri Lanka) und damit den Ceylonzimt, wobei sie ihr Handelsmonopol auf das Gewürz schon bald an die Holländer abtreten mussten. Heute zählt Zimt zu den gebräuchlichsten Gewürzen überhaupt. Der Zimtbaum ist ein tropisches Gewächs. Hauptlieferanten sind China, Indien, Sri Lanka, Indonesien, Brasilien und die Inselgruppen des Indischen Ozeans.

Heilende Substanzen

Zimt besticht durch seinen hohen Gehalt an ätherischen Ölen, darunter Zimtaldehyd, Eugenol, Linalool, Benzaldehyd, Pinen, Zymen und Phillandren. Daneben enthält er – typisch für ein Gewürz, das aus einer Baumrinde gewonnen wird – viele Gerb- und Schleimstoffe. Die ätherischen Zimtöle lösen Spannungen der glatten Darmmuskulatur und wirken antiseptisch wie auch kreislaufanregend. Zimt

Die kleine Gewürzapotheke

Zimt eignet sich zur Vorbeugung und Heilung von

- Darminfektionen
- Niedrigem Blutdruck
- Heiserkeit
- Rachenentzündungen
- Reizhusten
- Verdauungsträgheit

gehört daher zu den wirksamen Heilgewürzen bei Infektionen und Entzündungen des Darms sowie bei Kreislaufschwäche und niedrigem Blutdruck. Sein positiver Einfluss auf den Darm wird durch die Gerbstoffe zusätzlich noch verstärkt. Diese hemmen das Wachstum von Darmparasiten und entziehen dem Darminhalt Wasser, wodurch Zimt auch als Heilmittel bei Durchfall infrage kommt. Seine Schleimstoffe machen ihn darüber hinaus zu einem Therapeutikum bei Heiserkeit, trockenem Reizhusten und unangenehm kratzenden Rachenentzündungen.

Äußerlich aufgetragen – in Form von Zimtöl oder speziellen Zimtgels – wirkt Zimt durchblutungsanregend. Er unterstützt die Wärmetherapie bei Sportverletzungen und rheumatischen Erkrankungen.

Zimt wird gerne zum Würzen von Teegetränken verwendet. In Mexiko würzt man sogar Kaffee mit Zimt – ein gesunder Brauch, der die aggressiven Folgen hohen Kaffeekonsums zu mildern vermag.

Zimt in der Gewürzküche

Zimt besitzt ein angenehm süßes und holziges Aroma mit hoher, aber nicht beißender Intensität. Der Geschmack ist süßwürzig und hinterlässt ein wohlig warmes Gefühl.

Es gibt mittlerweile eine ganze Reihe von unterschiedlich schmeckenden Zimtsorten. Hierzulande dominieren Ceylonzimt (auch Ceylonkaneel genannt) und Chinazimt (auch Kassiazimt genannt). Die Ceylonsorte ist aufgrund ihres milden und betont süßen Geschmacks vor allem für Süßspeisen wie etwa Gebäck, Milchreis, Eis, Obst, Schokolade, Glühwein, Punsch, Likör und Tee geeignet. Sie wird in Stangenform angeboten. Der schärfer schmeckende Kassiazimt kommt auf Currygerichte, Hammelfleisch und Fisch. Er wird überwiegend in Pulverform verkauft. Besorgen Sie jedoch nur kleinere Mengen Zimtpulver, da es beim Lagern recht schnell an Aroma verliert.

Kleiner Gewürzratgeber

Die Zeiten, als Gewürze mit Kamelkarawanen um die halbe Welt transportiert wurden, bevor sie den Verbraucher erreichten, sind längst vorbei. Die aromatischen exotischen Würzpflanzen sind heute überall erhältlich, und manche von ihnen lassen sich sogar im heimischen Garten anbauen.

Der richtige Einkauf

▶ Gewürze verlieren mit der Zeit an Aroma. Kaufen Sie deshalb nicht mehr, als Sie Ihrer Schätzung nach innerhalb eines Jahres verbrauchen! Keine Verpackung ist so dicht, dass sich die Inhaltsstoffe nicht verflüchtigen würden.

▶ Verzichten Sie auf Gewürzsalze, denn diese enthalten über 40 Prozent billiges Kochsalz, das Sie sich auch selbst unter Ihre Gewürze mischen können!

Die Lebensmittelüberwachung hierzulande prüft bei Gewürzen den Gehalt an ätherischen Ölen. So muss Pfeffer 0,7 Milliliter ätherische Öle auf 100 Gramm enthalten, um nicht als erheblich minderwertig zu gelten.

Frischware

▶ Für Gewürze, deren Blätter oder Stängel verwendet werden (Basilikum, Beifuß, Dill, Estragon, Fenchelblätter, Kresse, Korianderblätter, Liebstöckel, Petersilie, Pfefferminze, Salbei, Thymian) sowie für Knoblauchknollen gilt grundsätzlich: Frisch gekaufte Ware vom Gemüse- oder Gewürzhändler ist der getrockneten oder tiefgefrorenen nicht nur geschmacklich, sondern auch medizinisch weit überlegen und daher unbedingt vorzuziehen.

Gewürzpulver

Gewürzkräuter kommen aufs Essen und sollten der Gesundheit zuliebe möglichst aus biologisch-dynamischem Anbau stammen.

▶ Kaufen Sie möglichst keine pulverisierten Gewürze, sondern die ganze Würzfrucht (beispielsweise Zimtstangen statt Zimtpulver). Der Effekt beim Pulverisieren ist der gleiche, wie wenn ein Würfel in zwei, vier oder noch mehr Teilstücke zerlegt wird: Durch den Zugewinn an Schnittstellen vergrößert sich die Gesamtoberfläche. Wo es mehr Oberfläche gibt, können wiederum die flüchtigen Öle der Pflanzensubstanz schneller entweichen und Schadstoffe und Parasiten leichter in die Pflanzensubstanz eindringen. Aus diesem Grund besitzen die im Handel erhältlichen pulverisierten Gewürze kaum noch Aroma, dafür aber häufig umso mehr Schadstoffe und Mikroben.
Außerdem sieht man Gewürzpulvern nicht mehr an, was wirklich hineingemischt wurde. So wird beispielsweise das sündhaft teure Safranpulver mitunter durch billiges Ringelblumenpulver gestreckt.

Trockengewürze und Samen

▶ Achten Sie beim Einkauf getrockneter Gewürze auf deren kräftige Farbe und den vollen, nicht muffigen Duft. Nehmen Sie keine Früchte und Schoten, die rissig, geschrumpft oder hohl aussehen.
▶ Kaufen Sie Gewürzsamen nicht in vorgepackten Säckchen, die voller Staub und Pulver sind.

Die richtige Lagerung

▶ Wickeln Sie frische Gewürze in etwas Küchenpapier ein, und deponieren Sie sie im Gemüsefach des Kühlschranks. Dort halten sich die Kräuter etwa fünf Tage.

- Lagern Sie Trockengewürze an kühlen Orten ohne größere Temperaturschwankungen.
- Achten Sie darauf, Trockengewürze lichtgeschützt aufzubewahren, weit ab vom Fenster. Die UV-Strahlen der Sonne können nämlich so manchem ätherischen Öl den Garaus machen.
- Getrocknete Gewürze gehören – verpackt in luftdichten Behältern aus Aluminium oder abgedunkeltem Glas – in einen Schrank. Ganze Gewürze halten sich auf diese Weise bis zu einem Jahr.
- Plastikbehälter eignen sich nur bedingt zum Lagern von Gewürzen. Polyäthylen ist für ätherische Öle durchlässig und daher nur für ölärmere Gewürze wie Cayennepfeffer und Paprika brauchbar. Behälter aus Polystyrol werden von den Scharfstoffen und Säuren diverser Gewürzpulver angegriffen und sind für die Lagerung von pulverisierten Gewürzen abzulehnen.

In einigen Ländern werden die Gewürze mit radioaktiven Strahlen behandelt, um sie zu entkeimen. In Deutschland ist dieses Verfahren zur Haltbarmachung bislang verboten.

Und außerdem ...

Gewürze kommen meistens aus Ländern der Dritten Welt. Als Konsument kann man auf die dortigen Lebensumstände Einfluss nehmen. Die in den gängigen Lebensmittelgeschäften erhältlichen Gewürze werden in der Regel über Zwischenhändler und Konzerne geliefert, die den Großteil des Verkaufserlöses für sich einbehalten. Demgegenüber bemüht sich die Gesellschaft zur Förderung der Partnerschaft mit der Dritten Welt (GEPA), den Zwischenhandel zu umgehen und direkt von alternativen Anbaugenossenschaften zu importieren, wie es sie beispielsweise auf Sri Lanka gibt. Diese Gewürze sind dementsprechend gekennzeichnet und in alternativ orientierten Gewürz- und Naturkostläden erhältlich.

Gewürze selbst anbauen

Von den Kräutern, die in unseren Breiten wachsen, eignen sich viele zum Anbau auf dem heimischen Balkon. Südwärts ausgerichtete Balkone bieten gerade den sonnenverwöhnten Gewürzen nahezu ideale Bedingungen.

Die meisten Würzpflanzen kommen aus Gegenden, in denen subtropische bis tropische Klimabedingungen und viel Sonnenschein vorherrschen. Dergleichen findet man in unseren Breiten nicht, weswegen hier auch keine Nelkenbäume oder Safrankrokusse gedeihen. Dennoch kann auch der mitteleuropäische Raum mit einigen Gewürzkräutern aufwarten und sofern man ihnen ein sonniges, luftgeschütztes Plätzchen anbietet gelingt sogar die Aufzucht von Gewürzpflanzen aus dem Mittelmeerraum.

Die richtigen Bodenverhältnisse

Gewürzkräuter zählen zu den toleranten Pflanzen, die nicht allzu große Ansprüche an den Boden stellen. Ihr Ertrag ist allerdings umso größer, je mehr ihnen die gegebenen Bodenbedingungen entsprechen.
Zwischen folgenden Böden ist zu unterscheiden:

▶ **Leichter Kalkboden**
Alkalisch, mit einem recht hohen pH-Wert. Lässt Wasser schnell nach unten durchsickern, hat einen eher niedrigen Nährstoffgehalt und eignet sich daher für die Asketen unter den Gewürzkräutern. Auf Kalkboden wachsen Bohnenkraut, Majoran, Rosmarin und Wacholder.

▶ **Durchlässiger Sandboden**
Mit hohem Sandanteil, sehr wasserdurchlässig mit relativ geringem Nährstoffanteil, da die Nährstoffe mit dem absickernden Wasser fortgespült werden. Sandboden eignet sich für Anis, Fenchel, Koriander, Oregano, russischen Estragon und Thymian.

▶ **Lehmboden**
Mit ausgewogenem Verhältnis an Ton, Sand und Schwemmpartikeln. Der Nährstoffgehalt ist recht hoch,

Warum nicht mal ein paar Küchenkräuter zwischen die Zierpflanzen setzen? Viele der schmackhaften Gewürze sehen obendrein noch gut aus.

daher für viele Kräuter geradezu ideal. Der Lehmboden muss allerdings regelmäßig mit der Harke durchlüftet werden. Auf Lehmboden wachsen Basilikum, Dill, Knoblauch, Koriander, Kümmel, Liebstöckel, Lorbeer, Petersilie, Salbei, Schnittlauch und Thymian.

Obwohl Gewürze recht anspruchslos sind, gedeihen sie dennoch nicht auf allen Böden gleich gut.

▶ Humoser Lehmboden

Reich an organischer Substanz, sehr dicht und sehr feucht. Er muss ständig mit der Harke oder per Anbau tief wurzelnder Pflanzen durchlüftet werden, damit die Kräuter keine nassen Füße bekommen. Humoser Lehmboden eignet sich für Kapuzinerkresse, Petersilie, Pfefferminze und Zitronenmelisse.

▶ Tonboden

Sehr dicht, bei Hitze pappt er zusammen, bei Regen wird er schwer und klebrig. Lockern Sie ihn mit Kompost und tief wurzelnden Pflanzen auf! Tonboden eignet sich für Pfefferminze, Salbei und Thymian.

Richtige Licht- und Temperaturverhältnisse

Die überwiegende Anzahl der Gewürzkräuter kommt aus sonnig warmen Gefilden. Hierzulande gedeihen sie am besten, wenn man sie unter ähnlichen Voraussetzungen ausbringt.

Zu den wärmebedürftigen Südländern unter den Gewürzen zählen Basilikum, Bohnenkraut, Dill, Fenchel, französischer Thymian, Koriander, Majoran, Oregano, Pfefferminze, Rosmarin und Salbei.

Wer Gewürze selbst anbaut, kann ihre Reinheit bestens kontrollieren. Verzichten Sie auf Insektenschutzmittel, und achten Sie auf ein gesundes Erdreich.

Andere Kräuter kommen entweder aus hiesigen Gefilden, oder sie werden bereits so lange hier kultiviert, dass sie sich in der Zwischenzeit mit Regen und Kälte arrangiert haben.

Zu den widerstandsfähigen Gewürzpflanzen zählen deutscher Thymian, Estragon, Kerbel, Kümmel, Liebstöckel, Petersilie und Schnittlauch.

Aussaat und Pflanzung

Prinzipiell gibt es drei Möglichkeiten, um sich seine eigene Gewürzkultur zu ziehen:

- Sie kaufen die Samen und säen selbst aus.
- Sie kaufen die vorgezogenen Pflanzen beim Gärtner und setzen sie selbst ein.
- Wenn bereits ausdauernde (also nicht nur ein- oder zweijährige) Gewürze im Garten heimisch sind, lassen sie sich durch Teilung der Wurzelstöcke oder durch Stecklinge vermehren.

Die preiswerteste Alternative ist sicherlich das Aussäen, vor allem bei Kräutern, die man sehr häufig braucht, wie etwa Kümmel, Petersilie, Schnittlauch, Dill und Kresse. Achten Sie beim Kauf der Samen auf das aufgedruckte Datum, mit dem der Hersteller ihre Keimfähigkeit garantiert!

Aussaat- und Erntekalender

Pflanze	Aussaat / Pflanzung	Genutzter Bestandteil	Zeitpunkt
Anis	April bis Mai	Samen	Sommer
Basilikum	Juni	Blätter	Nach Bedarf
Bockshornklee	Frühjahr	Samen	Sommer
Dill	April bis Mai	Blätter	Sommer
Estragon (russisch)	April bis Mai	Blätter	Sommer
Fenchel	Juli	Samen Blätter	Oktober bis November Sommer
Kapuzinerkresse	Mai bis Juni	Blätter	Sommer
Knoblauch	Herbst oder Frühjahr	Knollen	Spätsommer
Koriander	April bis Mai	Samen Blätter	Spätsommer Sommer
Kümmel	August	Samen	September bis Oktober
Liebstöckel	März oder August	Blätter	Sommer oder Herbst
Majoran	Juni	Blätter	Sommer
Petersilie	Juni bis August	Blätter	Ganzjährig
Pfefferminze	Frühjahr	Blätter, blühende Stängel	Juni
Rosmarin	Frühjahr	junge Triebe, Blätter	Sommer
Salbei	Mai bis Juni	Blätter, Triebe	Sommer

Die Saattermine für die einzelnen Gewürzarten sind mitunter sehr unterschiedlich. Im Allgemeinen sät man einjährige und ausdauernde Pflanzen jedoch im Frühjahr, zweijährige Pflanzen hingegen im Spätsommer. Detaillierte Informationen finden Sie auf der Samenpackung, oder fragen Sie einfach Ihren Gärtner.

Die Gewürzküche

Basilikum, Beifuß, Dill, Estragon, Fenchelblätter, Kresse, Korianderblätter, Liebstöckel, Petersilie, Pfefferminze, Salbei und Thymian werden frisch verwendet. Die kompletten Sträuße sind ganz in die Speise zu geben oder werden mit einem scharfen Küchenmesser auf einem Holzbrett gehackt. Knoblauchknollen sollten geschält und mit einer Knoblauchpresse direkt über dem Essen ausgedrückt werden. Wenn sie in Würfel oder Scheiben geschnitten werden, müssen sie etwas vor Ende der Garzeit ins Essen geben werden, damit sich ihr Geschmack entfaltet.

Achten Sie beim Mahlen auf die richtige Dosierung! Gemahlene Gewürze müssen sofort aufgebraucht werden, um nicht an Aroma zu verlieren.

Würzkräuter richtig trocknen

Um Gewürze zu trocknen, gibt es zwei Möglichkeiten:

- Die Kräuter werden gebündelt auf Darren ausgebreitet oder kopfüber an einer Leine aufgehängt. Um ihre schnell flüchtigen ätherischen Öle zu bewahren, sollten sie beim Trocknen vor Sonne geschützt sein.
- Oder: Die Kräuter werden auf ein Backblech gestreut und im Ofen bei 35 °C getrocknet.

Getrocknete Gewürze richtig zubereiten

Zu den Gewürzen, die überwiegend getrocknet verwendet werden, gehören Anis, Bockshornklee, Fenchelsamen, Gewürznelken, Ingwer, Kardamom, Koriandersamen, Kreuzkümmel, Kümmel, Kurkuma, Muskatnuss, Pfeffer, Safran, Schwarzkümmel und Zimt. Ihr Aroma ist am intensivsten, wenn man sie in ganzen Stücken kauft und erst zum Essen zerkleinert. Ingwer und Kurkuma werden kurz vor Gebrauch im Mörser zerstoßen. Kleinere Gewürzsamen wie Kümmel, Fenchel oder Pfeffer werden in Suppen oder Saucen mitgekocht.

Gewürze anrösten

Einige Gewürze wie Bockshornklee, Koriandersamen, Kreuzkümmel und Schwarzkümmel intensivieren ihren Geschmack und ihr Aroma, wenn sie vor dem Mahlen geröstet werden. Dieses Verfahren ist vor allem in der indischen Küche üblich.

Grundsätzlich gibt es zwei Röstarten:

▶ **Trockenrösten**

Beim Trockenrösten wird eine schwere Bratpfanne 2 bis 3 Minuten erhitzt. Danach geben Sie die ganzen Gewürze hinein. Bei mittlerer Hitze rösten.

In den ersten 2 Minuten verlieren die Gewürze ihre Feuchtigkeit und werden schnell braun. Ab dann müssen Sie die Gewürze immer wieder wenden, damit sie nicht anbrennen. Rösten Sie weiter, bis der Pfanneninhalt eine dunkelbraune Farbe angenommen hat und einen betörenden Duft verströmt. Schließlich die Gewürze herausnehmen und in einer Schale zum Abkühlen deponieren. Danach können sie gemahlen werden.

Achtung: Für bereits pulverisierte Gewürze ist das Trockenrösten nicht geeignet!

▶ **Fettrösten**

Beim Anrösten mit Fett werden die Gewürze im Butterreinfett Ghee oder ersatzweise in Pflanzenöl angebraten. Sie geben dabei ihr Aroma an das Fett ab, ehe die anderen Zutaten hinzugefügt werden. Gerade Fleisch- und Gemüsegerichte erhalten dadurch einen ungemein intensiven Geschmack.

Geben Sie Ghee in eine Bratpfanne, und erhitzen Sie das Fett etwa 2 Minuten lang. Geben Sie dann zuerst die ganzen Gewürze und nach etwa 1 Minute die gemahlenen hinzu. Umrühren und wenden. Der gesamte Röstvorgang dauert nur 2 bis 3 Minuten.

Vorsicht beim Rösten mit Fett. Gewürzkörner springen regelrecht aus der Pfanne, wenn sie erhitzt werden. Halten Sie also einen Deckel bereit!

Internationale Gewürzmischungen

Gewürze entfalten ihre volle Heilkraft häufig in Kombination miteinander. Unterschiedliche Aromen und Inhaltsstoffe können sich ergänzen und den Speisen eine unvergleichliche Geschmacksnote verleihen. Viele Kräuter- oder Gewürzmischungen haben heute ihren festen Platz in den Küchen der Welt erobert.

Frankreich

● Bouquet garni (Strauß aus 4 frischen Kräutern)

ZUTATEN: 2 Thymianzweige, 2 Majoranstängel, 1 Bund Petersilie, 1 Bund Schnittlauch

ZUBEREITUNG: Die einzelnen Zutaten werden in einem Strauß zusammengebunden und dem bereits fertig gekochten Essen zugefügt. Der Bouquet garni passt zu Suppen, Geflügelgerichten und Quarkspeisen.

England

● Pudding- und Kuchengewürz

ZUTATEN: 1 Stange Zimt, 1 EL Gewürznelken, 1 EL geriebene Muskatnuss, 1 EL Mazis, 1 EL Koriandersamen, 1 TL zerstoßener Ingwer

ZUBEREITUNG: Alle Gewürze zu einem Pulver mahlen und gut vermischen. Die Gewürzmischung eignet sich für Kuchen, Biskuits, Pudding und heiße Schokolade.

Indien

● Curry

ZUTATEN: 3–4 EL Koriandersamen, 2 TL Kreuzkümmelsamen, 1 TL schwarze Pfefferkörner, 1 TL Bockshornkleesamen, 1 TL Ingwer, 1 EL gemahlener Kurkuma. (Für mehr Schärfe können auch kleine Prisen Senfkörner und rotes Chilipulver hinzugefügt werden. Wer es gerne etwas süßer mag, gibt ein paar Gewürznelken und 1/4 einer Zimtstange hinzu.)

ZUBEREITUNG: Gewürze in etwas Ghee (Butterreinfett) rösten, bis sie dunkel werden. Dabei häufig umrühren. Abkühlen lassen und mahlen. Curry gehört zu Reis, Fisch, Fleisch, Geflügel, Wurst und Rinderhack.

»Curry« an und für sich gibt es nicht. Es handelt sich vielmehr um einen Sammelbegriff für eine Vielzahl von möglichen Gewürzkombinationen. Mit unserem Curryrezept erhalten Sie einen weniger scharfen Geschmack, dafür ein umso intensiveres Aroma.

Garam masala

ZUTATEN: 2 EL grüne Kardamomsamen, 3 Zimtstangen, 1 EL ganze Gewürznelken, 1/2 Tasse schwarze Pfefferkörner, 1 Tasse Kreuzkümmelsamen, 1 Tasse Koriandersamen

ZUBEREITUNG: Den Zimt mit einem Nudelholz oder einer breiten Messerklinge zerkleinern. Dann alle Zutaten unter ständigem Umrühren in etwas Ghee rösten. Garam masala ist besonders schmackhaft zu Zwiebel- und Tomatensaucen, zu Fleisch und Geflügel. Geben Sie die Mischung erst kurz vor dem Servieren hinzu.

Chat masala

ZUTATEN: 1 TL Ajowansamen, 1 TL zerkleinerte Pfefferminze, 2 TL Mangopulver, 1 TL Cayennepfeffer, 2 TL gemahlener Ingwer, 1 EL Kreuzkümmelsamen, 1 TL schwarze Pfefferkörner

ZUBEREITUNG: Pfefferkörner sowie Kreuzkümmel- und Ajowansamen zermahlen und mit den anderen Gewürzen vermischen. Chat masala passt zu Obstsalaten, Obstquark und Fruchtdesserts.

Tunesien

Tabil

ZUTATEN: 1 EL Koriandersamen, 6 Knoblauchzehen, 1 TL schwarze Pfefferkörner, 1 TL Kümmelsamen

ZUBEREITUNG: Knoblauch schälen und zusammen mit den anderen Gewürzen im Mörser zerstoßen. Bei etwa 100 °C im vorgewärmten Backofen ca. 30 Minuten trocknen lassen. Nach dem Trocknen zu einem feinen Pulver zermahlen. Tabil passt sehr gut zu Fleisch- und Gemüsesuppen sowie zu Gemüse- und Fleischgerichten.

USA

Cajun-Würzmischung

ZUTATEN: 2 ausgepresste Knoblauchzehen, 1 Zwiebel, 2 TL Paprika edelsüß, 1 TL gemahlener Pfeffer, 1 TL Kreuzkümmelpulver, 1 TL Cayennepfeffer, 1 TL zerkleinerte Salbeiblätter, 2 TL Salz

ZUBEREITUNG: Alle Zutaten gut miteinander vermischen und das Pulver möglichst frisch verwenden. Cajun ist ideal zu gegrillten Fleisch- und Fischgerichten, Eintopf und Reistöpfen.

1 2 3 4 5 6 7
8 9 10 11 12 13 14
15 16 17 18 19 20 21
22 23 24 25 26 27 28
29 30
MARY EVANS PICTURE LIBRARY

Kochen mit Gewürzen

Oft genügt schon eine neue Gewürzvariation, um den gleichen Zutaten eine ganz andere Note zu verleihen. Auf den folgenden Seiten sind Rezepte aus aller Welt für den großen wie den kleinen Hunger, für Singles wie Familien versammelt. Und auch die Vegetarier kommen nicht zu kurz. Wie man mit Gewürzen ausgezeichnete Getränke zaubern kann, lesen Sie im letzten Teil dieses Kapitels. Guten Appetit!

Brotaufstriche, Zwischenmahlzeiten

Brunnenkresse-Brotaufstrich

Zutaten für 2 Personen

300 g Magerquark • 200 g saure Sahne • 1/2 Zwiebel
2 EL Brunnenkresse • 1 Knoblauchzehe • Salz, Pfeffer

1 Den Quark in einer Schüssel glatt rühren, dann die saure Sahne hinzufügen.

2 Die Zwiebel und die Brunnenkresse so klein wie möglich hacken. Die Knoblauchzehe schälen und in der Knoblauchpresse zerdrücken.

3 Kresse, Knoblauch, Zwiebel und das Quark-Sahne-Gemisch verrühren und mit Salz und Pfeffer abschmecken. Der Knoblauch-Kresse-Aufstrich schmeckt besonders pikant auf Pumpernickel und anderen dunklen Brotsorten.

Frische Kresse eignet sich besonders gut dazu, kleine Häppchen zu garnieren. Streuen Sie dazu die Kresseblätter einfach auf hart gekochte Eier, Quark oder Brotaufstriche.

Ziegenkäse Provence mit Basilikum

Zutaten für 2 Personen

100 g Quark, 20 oder 30% Fett • 100 g Ziegenfrischkäse 1 Knoblauchzehe • 1 Messerspitze Oregano • 1 TL gehackte Basilikumblätter • Pfeffer, Salz

1 Quark und Ziegenkäse zu einer glatten Creme verrühren.

2 Den zerdrückten Knoblauch, Oregano und das Basilikum hinzufügen, mit Salz und Pfeffer abschmecken.

Kapernbrotaufstrich mit Dill

Kapernaufstrich schmeckt besonders gut zu dunklen Brotsorten wie Schwarzbrot, Vollkornbrot und Pumpernickel. Zu hellen Brotsorten ist er weniger geeignet.

Zutaten für 6 Personen

500 g Quark, Halbfettstufe • 500 g saure Sahne • 1 Zwiebel 2 TL Kapern • 2 TL gehackter Dill • Salz, Pfeffer • Zucker

1 Quark und saure Sahne glatt rühren.

2 Die Zwiebel abziehen, fein hacken. Kapern und Dill hinzufügen, alles gut verrühren.

3 Mit Salz, Pfeffer und Zucker abschmecken.

Brunnenkresse mit Ingwer

Zutaten für 2 Personen

2 EL Sonnenblumenöl • 1 EL geriebene Ingwerwurzel 500 g Brunnenkresse • 2 EL Sojasauce

1 Das Öl in einer Pfanne erhitzen und den Ingwer 2 Minuten darin wenden.

2 Die gewaschene und getrocknete Brunnenkresse hinzufügen und ca. 1 Minute unter ständigem Rühren dünsten, bis das Kraut weich ist. Mit Sojasauce würzen.

Tofu mit Liebstöckel und Petersilie

Zutaten für 2 Personen

200 g Tofu • 1 EL Olivenöl • 1 TL Sojasauce • 2 EL Zitronensaft • 2 zerdrückte Knoblauchzehen • 1 Frühlingszwiebel 1 TL gehackte Petersilie • 1 TL gehackte Liebstöckelblätter Salz

1 Den Tofu durch ein Sieb streichen und mit dem Öl zu einer cremigen Masse verrühren.

2 Die restlichen Zutaten dazugeben und alles miteinander vermischen. Mit Salz abschmecken.

Joghurt-Paprika-Auberginen

Zutaten für 4 Personen

500 g Auberginen • 1 EL Olivenöl • 400 g Joghurt, 3,5% Fett • 1 gestrichener TL Rosenpaprika • 2 EL gehackter Schnittlauch • Salz

1 Die Auberginen von den Stängelansätzen befreien, waschen, schälen und würfeln.

2 Das Öl im Schmortopf erhitzen, die Auberginen darin bei geschlossenem Deckel etwa 15 Minuten dünsten. Nach Bedarf etwas Wasser zugeben. Währenddessen den Joghurt mit dem Rosenpaprika und dem Schnittlauch verrühren.

3 Mit Salz abschmecken. Die Auberginenwürfel abkühlen lassen und mit dem Joghurt vermengen.

Die Paprikacreme können Sie auch noch mit einer ausgepressten Knoblauchzehe würzen.

Suppen und Saucen

Basilikum-Dill-Sommernachtssuppe

Dillkraut darf bei Warmspeisen erst nach dem Kochen hinzugefügt werden. Die Dillsamen können hingegen mitgekocht werden, ohne dabei an Aroma zu verlieren.

Zutaten für 4 Personen

1 l Fleischbrühe • 3 Karotten • 2 Lauchstangen • 3 Kartoffeln 400 g tiefgekühlte Bohnen • 1 EL gehackter Dill • 2 EL gehackte Basilikumblätter • Salz, Pfeffer

1 Die Fleischbrühe in einem großen Topf zum Kochen bringen.

2 Dann die Karotten schaben und in Streifen schneiden, das Grüne von den Lauchstangen entfernen, die weißen Teile sorgfältig waschen und in Ringe schneiden, Kartoffeln schälen und ebenfalls in Scheiben schneiden.

3 Alles zusammen mit den Tiefkühlbohnen und den Gewürzen in die Suppe geben. Bei geringer Hitze etwa 15 Minuten garen.

Beifuß-Koriander-Zwiebel-Suppe

Zutaten für 2 Personen

300 g Zwiebeln • 1 EL Pflanzenöl • 600 ml Fleischbrühe 1 Messerspitze zerstoßener Koriander • 200 g fest kochende Kartoffeln • 1 EL Pflanzenöl • Salz, weißer Pfeffer 2 TL Essig • 30 g durchwachsener Räucherspeck 1 TL Butter • 1 Messerspitze Beifuß

1 Die Zwiebeln halbieren und die Hälften in Scheiben schneiden.
Im Öl bei mittlerer Hitze hellbraun andünsten. Die Brühe darüber gießen und den Koriander hinzugeben. Die Zwiebeln bei

schwacher Hitze etwa 10 Minuten kochen lassen.

2 Dann die Kartoffeln schälen, waschen und klein gewürfelt in die Zwiebelsuppe geben. 20 Minuten kochen lassen.

3 Die Suppe mit Salz, Pfeffer und Essig abschmecken. Den Speck würfeln und bei mittlerer Hitze in der Butter knusprig braten, währenddessen den Beifuß hinzugeben.

4 Zum Schluss den Speck über die beiden ausgeschenkten Suppenportionen streuen.

Buttermilchsuppe mit grünen Kräutern

Zutaten für 2 Personen

2 Kartoffeln • 1/2 Zwiebel • 1 Knoblauchzehe • 1 EL Ghee (Butterreinfett) • 1 Messerspitze Bockshornkleesamen 300 ml Gemüsebrühe • 100 g Buttermilch • Salz 2 TL gehackter Schnittlauch • 1 TL gehackte Petersilie

1 Die Kartoffeln schälen und in Scheiben schneiden, die Zwiebel abziehen und würfeln, den Knoblauch abziehen und zerdrücken.

2 Ghee im kleinen Topf erhitzen und die Zwiebelwürfel sowie den Bockshornklee und den zerdrückten Knoblauch darin anrösten.

3 Kartoffelscheiben hinzufügen, unter Rühren kurz andünsten und mit der Brühe aufgießen. Die Suppe 12 bis 15 Minuten lang bei geringer Hitze kochen lassen.

4 Dann die Buttermilch unterrühren und noch einmal kurz aufkochen lassen.

5 Mit Salz abschmecken. Zum Servieren mit Schnittlauch und Petersilie garnieren.

Bockshornkleesamen sind reich an Cholin und Eiweiß. Daher sind sie ein gutes Therapeutikum bei körperlicher und geistiger Erschöpfung.

Kapernsuppe

Anstelle des Dills können Sie bei der Kapernsuppe auch Petersilie oder Kapuzinerkresse verwenden. Die Suppe wird dadurch allerdings erheblich schärfer und schweißtreibender.

Zutaten für 4 Personen

1 l Fleischbrühe • 1 gehäufter EL Speisestärke • 1/2 l Milch
2 Eigelbe • 2 EL Sahne • 4 TL Kapern • 1 EL gehackter Dill

1 Die Fleischbrühe kurz aufkochen lassen.

2 Die Speisestärke in der Milch auflösen und in die Fleischbrühe gießen. Noch einmal aufkochen lassen, schließlich vom Herd nehmen.

3 Die Eigelbe in der Sahne verquirlen und zur Brühe hinzugeben. Die Kapern auf die einzelnen Teller verteilen und die Suppe darüber gießen. Zum Schluss mit Dill bestreuen.

Linsensuppe mit Liebstöckel, Petersilie und Thymian

Zutaten für 4 Personen

200 g Linsen • 1 1/2 l Wasser • 100 g Lauch • 50 g Karotten
3 zerdrückte Knoblauchzehen • 1 EL Pflanzenöl
1 EL gekörnte Gemüsebrühe • 1 TL gehackter Thymian
1 EL gehackte Petersilie • 1 EL gehackter Liebstöckel
Salz, Pfeffer

1 Die Linsen in einem Sieb waschen und über Nacht einweichen lassen.

2 Dann die Linsen im Einweichwasser zum Kochen bringen und etwa 45 Minuten kochen lassen. Währenddessen den Lauch putzen, waschen und in dünne Ringe schneiden.

3 Die Karotten schälen und raspeln. Dann die Karotten- und Lauchstücke und den Knoblauch im erhitzten Öl 5 Minuten andünsten.

4 Das angedünstete Gemüse zusammen mit der gekörnten Gemüsebrühe in die bereits 35 Minuten kochende Linsensuppe geben. Die letzten 10 Minuten kochen also Linsen und Gemüse gemeinsam.

5 Zum Schluss die Gewürze hinzugeben und die Linsensuppe mit Salz und Pfeffer abschmecken.

Rosmarin-Tomaten-Suppe mit Orangen

Zutaten für 4 Personen

1 kg reife Tomaten • 1 Gemüsezwiebel • 1 TL Olivenöl 1 zerdrückte Knoblauchzehe • 100 ml Wasser • 1 TL Rosmarin • Salz, Pfeffer • 2 Orangen • 2 EL gehackte Petersilie

1 Die Tomaten von den Stielansätzen befreien, kurz überbrühen und häuten, dann pürieren.

2 Die Zwiebel abziehen und würfeln. Öl erhitzen und die Zwiebel zusammen mit dem Knoblauch andünsten.

3 Das Tomatenpüree zugeben und 3 Minuten garen lassen.

4 Anschließend das Wasser zugeben und kurz aufkochen lassen. Jetzt erst kommt der Rosmarin hinzu. Mit Salz und Pfeffer abschmecken und noch einmal 10 Minuten bei geringer Hitze kochen lassen.

5 Währenddessen 1 Orange auspressen und den Saft in die Suppe geben. Die andere Orange schälen und in kleine Stücke schneiden, die dann ebenfalls der Suppe beigemengt werden. Beim Servieren die einzelnen Portionen mit Petersilie bestreuen.

Wenn Sie es eilig haben, können Sie die Tomatensuppe auch mit Dosentomaten zubereiten. Sie sind geschmacklich zwar weniger frisch und auch von geringerem gesundheitlichem Wert, haben aber den Vorteil, mit bloßer Gabel pürierbar und schneller gar zu sein.

Kürbissuppe mit Muskatnuss

Zutaten für 4 Personen
2 kleine Zwiebeln • 1 kleiner Kürbis • 750 ml Hühnerbrühe 3 EL Langkornreis • 1 gestrichener TL geriebene Muskatnuss • 1 Messerspitze gemahlener Kreuzkümmel 1 Messerspitze gemahlener Zimt • Salz • 1 EL Zitronensaft

1 Die Zwiebeln abziehen und in Ringe schneiden. Den Kürbis aufschneiden und von Kernen und faserigem Gewebe befreien.
2 Das Kürbisfleisch herausholen und zusammen mit der Brühe, den Zwiebelringen, dem Reis und den Gewürzen in einen Topf geben. Bei mittlerer Hitze so lange kochen, bis das Kürbisfleisch und der Reis gar sind.
3 Schließlich mit Salz und Zitronensaft abschmecken. Die Kürbissuppe ist besonders an kalten Herbst- und Wintertagen zu empfehlen.

Basilikum-Tomaten-Sauce zu Nudeln

Wenn Sie die Sauce sämiger wünschen, können Sie geriebenen Parmesankäse unterrühren, bis sie dickflüssig wird.

Zutaten für 4 Personen
500 g geschälte Tomaten aus der Dose • 3 EL gehackte Basilikumblätter • 1 Knoblauchzehe • Salz, Pfeffer

1 Die Tomaten aus der Dose durch ein Sieb abtropfen lassen. Dann in einen Topf geben, mit einem Stampfer zerquetschen und erhitzen (nicht kochen!).
2 Das Basilikum und den zerdrückten Knoblauch hinzugeben, mit Salz und Pfeffer abschmecken. Die Basilikum-Tomaten-Sauce kann praktisch zu allen Nudelarten gereicht werden.

Frankfurter Sauce

Zutaten für 2 Personen
1 hart gekochtes Eigelb • 1 EL Pflanzenöl • 1 EL Zitronensaft
2 EL gehacktes Dillkraut • 2 EL gehackter Schnittlauch
2 EL gehackte Petersilie • 1 EL Kerbel • 1 EL Liebstöckel
1 zerdrückte Knoblauchzehe • 150 g Joghurt, 3,5% Fett
150 g saure Sahne

1 Das Eigelb mit der Gabel zerdrücken und mit dem Öl und dem Zitronensaft verrühren.

2 Die Gewürze, den Joghurt und die saure Sahne hinzugeben und alles gut verrühren.

Frankfurter Sauce schmeckt am besten zu hart gekochten Eiern, Pellkartoffeln oder Rindfleisch.

Sauce béarnaise

Zutaten für 4 Personen
1/2 Zwiebel • 1 EL gehackter Estragon • 1/2 Tasse Weinessig
200 g Butter • 4 Eigelbe • 1 Prise Mehl • Salz, Pfeffer

1 Die Zwiebel abziehen und hacken. Dann die Zwiebelstücke, 2/3 des Estragons und den Essig miteinander verrühren und in einem Topf so lange kochen, bis nur noch eine dünne Lage Flüssigkeit übrig ist.

2 Abseihen, die Essigsauce wieder in den Topf füllen und zusammen mit der in Stückchen geschnittenen Butter erhitzen.

3 Die Eigelbe kurz im Mixer aufschlagen und zusammen mit dem Mehl unter ständigem Rühren der heißen Essig-Butter-Mischung beigeben.

4 Jetzt erst kommen die restlichen Estragonblätter hinzu. Zum Schluss mit Salz und Pfeffer abschmecken.

Dill-Joghurt-Sauce zu Gurkensalat

Zutaten für 4 Personen
300 g Joghurt, 3,5% Fett • 2 EL süße Sahne
2 TL Zitronensaft • 1 Messerspitze Paprikapulver, edelsüß
2 TL Dill • 1 TL Schnittlauch • 1 TL Kresse • 1 TL Liebstöckel
1 zerdrückte Knoblauchzehe • Salz, weißer Pfeffer

1 Den Joghurt, die Sahne und den Zitronensaft gut verrühren, die Kräuter hacken und mit der Knoblauchzehe hinzufügen.
2 Mit Salz und weißem Pfeffer abschmecken.

Muskat-Spinat-Sauce für Spaghetti

Wer die Spaghetti mit Muskat-Spinat-Sauce etwas deftiger will, kann die Zwiebelstücke zusammen mit ein wenig Frühstücksschinken anbraten.

Zutaten für 4 Personen
1 Zwiebel • 2 EL Butter • 1 Packung Tiefkühlspinat (600 g)
150 g Schmelzkäse • 1 EL Sahne • 2 zerdrückte Knoblauchzehen • 1 gestrichener EL geriebene Muskatnuss
Salz, Pfeffer • 500 g Spaghetti

1 Zwiebel abziehen, würfeln und in der heißen Butter kurz andünsten. Dann den Spinat mit etwas Wasser hinzufügen und – wenn der Spinat weich ist – Schmelzkäse und Sahne dazugeben.
2 Alles zusammen noch ein paar Minuten kochen lassen, am Ende den zerdrückten Knoblauch und die Muskatnuss hinzufügen. Mit Salz und Pfeffer abschmecken.
3 Währenddessen die Spaghetti in reichlich Salzwasser bissfest kochen und abgießen.
4 Die Spaghetti werden auf den einzelnen Tellern serviert und mit der Spinat-Muskat-Sauce übergossen.

Kapernmayonnaise für kalte Fleischgerichte

Zutaten für 2 Personen
4 TL Maisstärke • Salz, Pfeffer • 250 ml fettarme Milch 2 verquirlte Eigelbe • 50 ml Essig • 2 TL Kapern

1 Die Maisstärke mit etwas Salz und Pfeffer in einem Topf verrühren. Dann die Milch in kleinen Mengen hinzufügen und alles bei geringer Hitze unter ständigem Rühren einkochen lassen.

2 Wenn die Sauce dick ist, etwas abkühlen lassen und die verquirlten Eigelbe hinzugeben. Wieder 3 Minuten kochen lassen, dabei gut durchrühren.

3 Den Topf vom Herd nehmen und den Essig unterrühren. Schließlich die Kapern hinzugeben und im Kühlschrank einige Stunden ziehen lassen.

Joghurtsalatsauce mit Liebstöckel

Zutaten für 4 Portionen
300 g Joghurt, 3,5% Fett • 2 EL Sahne • 1 EL Pflanzenöl 1 TL mittelscharfer Senf • 1 EL Zitronensaft • 1 gestrichener TL Paprikapulver, edelsüß • 1 TL Petersilie • 1 TL Schnittlauch 1 TL Estragon • 1 TL Liebstöckel • 1 TL Basilikum • Zucker Salz, Pfeffer

1 Joghurt, Sahne, Öl, Senf, Zitronensaft und Paprikapulver gut verrühren, die Kräuter fein hacken und zufügen.

2 Mit Zucker, Salz und Pfeffer abschmecken. Wenn Sie die Salatsauce luftiger wollen, ersetzen Sie Estragon durch Zitronenmelisse.

Wenn Sie die Joghurtsalatsauce mit Liebstöckel etwas aromatischer lieben, können Sie auch eine ausgepresste Knoblauchzehe hinzufügen.

Salate

Rote-Bete-Salat mit Koriander und Nüssen

Zutaten für 4 Personen
4 Rote Bete • 2 Äpfel, am besten Cox Orange • 1/2 Sellerieknolle • 1 Tasse Brunnenkresse • 2 Tassen Weizensprossen 200 g Joghurt, Fettstufe nach individuellem Geschmack 3 EL Zitronensaft • 1 TL gemahlener Koriander • Salz, Pfeffer • 8 Walnusskerne

1 Die Roten Beten fein raspeln, die Äpfel entkernen und in kleine Scheibchen schneiden. Die Sellerieknolle schälen und grob raspeln.

2 Alles zusammen mit der Kresse und den Weizensprossen vermischen.

3 Für die Sauce Joghurt und Zitronensaft miteinander vermischen, dann den Koriander hinzufügen und mit Salz und Pfeffer abschmecken. Die Walnüsse klein hacken und über die einzelnen Portionen streuen.

Die antibiotischen Wirkungen der Senföle, wie sie in der Kresse vorkommen, wurden in zahlreichen Studien belegt. Außer in der Kresse findet man sie vor allem im Meerrettich.

Kressesalat à la Brünne

Zutaten für 2 Personen
1 Hand voll klein geschnittene Brunnenkresse • 1 Hand voll klein geschnittene Endivienringe • 1 Hand voll klein geschnittener Chinakohl • 3 EL Olivenöl • 3 EL Zitronensaft Muskatnuss • Salz, Pfeffer

1 Vermischen Sie die Brunnenkresse, die Endivienringe und den Chinakohl. Dann das Olivenöl, den Zitronensaft und die Gewürze (Menge nach Geschmack) verrühren.

2 Den Salat auf 2 Teller verteilen und mit der Sauce übergießen.

Indischer Kartoffelsalat mit Kreuzkümmel und Koriander

Zutaten für 4 Personen

2 TL Kreuzkümmelsamen • etwas Ghee • 1 Messerspitze Bockshornklee • Pfeffer, Salz • 4 Kartoffeln • 2 Tomaten 1/2 Zwiebel • 2 EL grob gehackte Korianderblätter 3 EL Zitronensaft

1 Die Kreuzkümmelsamen kurz in etwas Ghee anrösten, dann im Mörser zerstoßen. Mit dem Bockshornklee, etwas Pfeffer, 1 Teelöffel Salz und etwas Wasser vermischen und zur Seite stellen.

2 Die Kartoffeln ungeschält kochen, das Wasser abgießen und die Kartoffeln schälen. Dann in kleine Würfel schneiden.

3 Die Kartoffeln in einer Schale deponieren und mit der obigen Gewürzmischung übergießen. Gut durchmischen (Vorsicht beim Rühren, die Kartoffeln dürfen nicht zerfallen!), 10 Minuten ziehen und abkühlen lassen.

4 Während dieser Zeit die Tomaten klein schneiden, die Zwiebel abziehen und hacken. Dann zusammen mit den grob gehackten Korianderblättern zu den Kartoffeln geben. Noch nicht durchrühren, sondern die Schüssel für 30 Minuten in den Kühlschrank stellen.

5 Anschließend den Inhalt mit Zitronensaft übergießen und gut durchmischen. Mit Salz und Pfeffer abschmecken.

Indische Speisen sind bekömmlich, leicht verdaulich und eignen sich daher besonders für die warme Jahreszeit oder als leichtes warmes Abendessen im Winter.

Majoran-Löwenzahn-Salat mit Kartoffeln

Löwenzahn und Majoran ähneln sich in ihrem Wirkungsprofil. Aus den beiden Kräutern lässt sich auch ein guter Tee zubereiten. Dazu werden jeweils 1 Teelöffel der beiden Pflanzen mit heißem Wasser übergossen. 10 Minuten ziehen lassen und abseihen. Trinken Sie 2 Tassen pro Tag.

Zutaten für 1 Person

200 g Löwenzahnblätter • 200 g Kartoffeln • 2 EL Pflanzenöl • 1 EL Zitronensaft • 1 TL Majoran • Salz, Pfeffer

1 Die Löwenzahnblätter waschen, klein schneiden und trocknen lassen. Die ungeschälten Kartoffeln in wenig Wasser weich kochen, abtropfen lassen und schälen.

2 Die Kartoffeln in möglichst dünne Scheiben schneiden und unter die Löwenzahnblätter heben.

3 Für die Marinade Öl, Zitronensaft und Majoran miteinander verrühren, mit Salz und Pfeffer abschmecken und über den Salat gießen.

Scharfer Rotkohlsalat mit schwarzem Pfeffer

Zutaten für 4 Personen

1 Rotkohl • 100 g eingelegte schwarze Oliven, ohne Steine
1 süßsaurer Apfel • 3 EL Olivenöl • 1 EL Apfelessig
1 TL gemahlener schwarzer Pfeffer, Salz

1 Den Kohl putzen, hobeln, abbrausen und im Sieb abtropfen lassen. Die Oliven in feine Streifen schneiden.

2 Den Apfel schälen, entkernen und in dünne Scheiben schneiden.

3 Für die Marinade Öl und Essig mit Pfeffer verrühren und dann mit Salz abschmecken.

4 Apfel, Rotkohl und Oliven gut vermischen, mit der Marinade übergießen und servieren.

Hauptgerichte

Kürbisgemüse in Dilljoghurt

Kürbisfleisch und Dill sind eine gute Ergänzung bei der Behandlung von Vitamin-A-Mangel, denn beide enthalten sehr viel Karotinoide.

Zutaten für 4 Personen

1 kg Kürbisfruchtfleisch ohne Kerne und Schale • Salz, weißer Pfeffer • 1 Gemüsezwiebel • 2 EL Pflanzenöl
100 ml Gemüsebrühe • 150 g Joghurt, 10% Fett
1 TL Speisestärke • 2 EL gehackter Dill • 1 TL Weinessig

1 Kürbisfleisch raspeln und mit etwas Salz bestreuen. 15 Minuten ziehen lassen. Die Zwiebel abziehen und würfeln.

2 Das Öl erhitzen und die Kürbisraspel darin andünsten. Mit der Gemüsebrühe aufgießen und 15 Minuten zugedeckt dünsten lassen. Den Joghurt mit der Speisestärke verrühren und zum Gemüse geben. Kurz aufkochen lassen.

3 Mit dem Dill, Salz, weißem Pfeffer und Essig abschmecken.

Kräuter-Champignon-Ragout

Zutaten für 2 Personen

500 g frische Champignons • 1/2 Zwiebel • 3 EL Pflanzenöl
1 EL Butter • 1 EL gehackte Petersilie • 1 EL gehackter Dill
1 TL Thymian • 1 EL Estragon • 1 zerdrückte Knoblauchzehe

1 Die Pilze putzen und waschen. Die Zwiebel abziehen und würfeln.

2 Öl erhitzen, die Zwiebel darin kurz anbraten, die Pilze hinzugeben und unter Rühren 10 Minuten garen. Butter, Knoblauch und Kräuter zufügen, noch etwas ziehen lassen.

Gedünstete Fenchelgurken

Gedünstete Gurken mit Fenchel haben einen Begleiteffekt: Sie mobilisieren die Harnausscheidung und helfen dadurch präventiv gegen Gicht und Nierensteine.

Zutaten für 2 Personen

1 Salatgurke • 1/2 TL Zucker • 1 Prise Salz • 2 EL Essig 1 EL Wasser • 10 g Butter • 2 gehackte Schalotten • 2 TL Mehl 1 zerdrückte Knoblauchzehe • 1 Messerspitze gemahlener Fenchelsamen • 200 ml Hühnerbrühe • 1 EL gehackter Dill

1 Die Gurke schälen und in Längsrichtung halbieren. Kerne entfernen und in Stücke schneiden. Zucker und Salz in Essig und Wasser auflösen und über die Gurkenstücke gießen, 1 Stunde ziehen lassen.

2 Butter in der Pfanne schmelzen und Schalotten weich braten. Das Mehl, den zerdrückten Knoblauch und die Fenchelsamen hinzugeben und warten, bis das Mehl goldgelb wird. Die Hühnerbrühe zugießen und aufkochen, dann 5 Minuten bei geringer Hitze kochen lassen.

3 Die Gurkenstücke hineingeben und weitere 10 Minuten lang kochen lassen; Vorsicht, nicht verkochen!

4 Beide Portionen mit klein gehacktem Dill garnieren.

Kümmelkartoffeln für Eilige

Zutaten für 2 Personen

500 g Kartoffeln • 2 EL Olivenöl • Salz, Pfeffer • 1 TL zerstoßener Kümmel • 1 Knoblauchzehe • 100 g Joghurt

1 Die Kartoffeln schälen, in kleine Scheiben schneiden und in die Pfanne mit dem erhitzen Öl geben.

2 Mit Salz, Pfeffer, Kümmel und der zerdrückten Knoblauchzehe würzen. Die Kartoffelscheiben knusprig anbraten. Zum Schluss den Joghurt zugeben.

Eine schnelle und dennoch gesunde und sättigende Mahlzeit!

Indonesischer Ingwer-Gemüse-Reis

Zutaten für 2 Personen

300 g Naturreis • 1 rote Paprikaschote • 1 mittelgroße Zucchini • 1 mittelgroße Lauchstange • 1 kleine Zwiebel 2 EL Pflanzenöl • 2 zerdrückte Knoblauchzehen • 1 Messerspitze Ingwerpulver • 1 gestrichener TL Kurkumapulver 100 ml Gemüsebrühe • 1 EL Sojasauce • 1 EL gehackte Petersilie

Beim indonesischen Gemüsereis können Sie anstelle von Zucchini auch frischen Brokkoli verwenden.

1 Den Reis kochen, bis er fest und körnig ist. Den Paprika waschen, entkernen und in kleine Streifen schneiden; Zucchini schälen und in kleine Scheiben schneiden; den Lauch waschen, halbieren und in Streifen schneiden; die Zwiebel abziehen und würfeln.

2 Das Öl in der Pfanne erhitzen. Den zerdrückten Knoblauch und die Zwiebelstücke darin kurz anbraten, dann Ingwer und Kurkuma hinzufügen und unter Rühren kurz anrösten.

3 Paprika, Zucchini und Lauch hinzufügen und kurz anbraten, mit Gemüsebrühe aufgießen und 6 Minuten lang kochen lassen. Reis und Sojasauce zum Gemüse geben, alles gut vermischen und braten, bis der Reis heiß ist. Zum Schluss mit Petersilie garnieren.

Der indonesische Gemüsereis reicht als vollständiges Gericht.

Sie können – je nach Geschmack – ein paar Teelöffel Crème fraîche oder Joghurt hinzugeben, um ihn sahniger zu machen.

Indischer Muskatreis

Zutaten für 4 Personen
400 ml Gemüsebrühe • 1 gestrichener TL geriebene Muskatnuss • 1 gestrichener TL Kurkuma • 1 Messerspitze gemahlener Koriander • 1 Messerspitze gemahlener Kreuzkümmel • 300 g Naturreis • 1 EL Mandelsplitter
2 EL Sultaninen

1 Die Gemüsebrühe mit den Gewürzen gut vermischen.
2 Dann den Reis hinzufügen und kochen lassen, bis er das Wasser weitgehend aufgesogen und eine feste, körnige Konsistenz angenommen hat.
Als Alternative kommt das Garen im Schnellkochtopf in Betracht, wo der Reis im ungelochten Einsatz deponiert wird. Der Vorteil hierbei ist, dass der Reis nicht überkocht und garantiert körnig bleibt. Die Garzeit ist deutlich kürzer.
3 Zum Schluss die Mandelsplitter und Sultaninen über den garen Reis streuen und gut vermischen.
Der Muskatreis eignet sich nicht nur als Beilage zu süßsauren Pfannengerichten. Er kann mit Joghurt, Crème fraîche oder einem Gemisch aus Joghurt und Crème fraîche und Mixed Pickles auch gut als Hauptspeise serviert werden.

Weiße Bohnen mit Safran werden gerne in Marokko gekocht. Eine interessante Geschmacksnote ergibt sich, wenn Sie etwas weniger Pfeffer nehmen und dafür 1 gestrichenen Teelöffel Koriander beimischen.

Weiße Bohnen mit Safran

Zutaten für 4 Personen
250 g weiße Bohnen • 2 Zwiebeln • 80 g Butter
4–5 Safranfäden • 1 gestrichener TL schwarzer Pfeffer
3 EL gehackte Petersilie • Salz

1 Die Bohnen über Nacht einweichen lassen. Am nächsten Tag im Einweichwasser zum Kochen bringen.

2 Die erste Zwiebel abziehen und würfeln und gemeinsam mit der Butter, dem Safran und dem Pfeffer den Bohnen beimischen. Alles zusammen kochen, bis die Bohnen gar sind.

3 Die zweite Zwiebel in Ringe schneiden und zusammen mit der Petersilie beimengen. Noch 2 bis 3 Minuten kochen lassen und mit Salz abschmecken.

Zucchini mit Pfefferminze

Zutaten für 2 Personen

1 kg Zucchini • 8 EL Weizenkeimöl • 1 Bund Pfefferminze 4 Knoblauchzehen • Salz, Pfeffer • 2 EL Essig

1 Die Zucchini waschen, die Blüten und den Stielansatz abschneiden. Der Länge nach in dünne Scheiben schneiden und in heißem Öl hellbraun braten.

2 Dann die Zucchinischeiben auf Küchenkrepp entfetten. Die Pfefferminzblätter waschen, trocknen und fein zerhacken. Den Knoblauch schälen und in hauchdünne Scheibchen schneiden.

3 Die Zucchinischeiben von beiden Seiten salzen und pfeffern. Abwechselnd mit Minze und Knoblauch in eine flache Schüssel schichten, wobei jede Lage mit Essig beträufelt wird.

4 Schließlich die Schüssel mit einer Frischhaltefolie abdecken und im Kühlschrank oder auf einer kühlen Fensterbank vor dem Servieren mindestens 1 Stunde ziehen lassen.

Zucchini mit Pfefferminze eignen sich als leicht verdauliches Abendessen. Das Gemüse kann aber auch als Beilage zu Hammelfleisch gereicht werden.

Petersilienklöße

Zutaten für 2 Personen

300 ml Milch • 100 g Haferflocken • 20 g Margarine • Salz
1 Ei • 30 g Weizenschrot • 1 TL gehackter Schnittlauch
1 EL gehackte Petersilie

1 Milch kurz aufkochen, Haferflocken hineingeben und mit Margarine und etwas Salz quellen lassen.

2 Das Ei, den Weizenschrot, den Schnittlauch und die Petersilie hinzugeben und gut durchmischen.

3 Etwas abkühlen lassen, kleine Klöße formen und diese dann in heißem Salzwasser garen. Die Klöße eignen sich als Suppeneinlage oder als Beilage zu Fisch- und Fleischgerichten.

Shephards Pie

Majoran hat eine entspannende und beruhigende Wirkung. Speisen mit Majoran stärken Nerven und Kreislauf.

Zutaten für 4 Personen

2 Zwiebeln • 1 Lauchstange • 2 Scheiben durchwachsener Speck • 2 EL Pflanzenöl • 500 g Kartoffelpüree (aus der Fertigpackung) • 500 g Beefsteak • 1 EL Mehl • 200 ml Fleischbrühe • Salz, Pfeffer • 1 EL pulverisierter Majoran
2 EL Butter

1 Die Zwiebeln abziehen und zerstückeln, die Lauchstange putzen, waschen und in dünne Scheiben schneiden. Den Speck klein würfeln.

2 Alles zusammen in einer Pfanne im erhitzten Öl andünsten und zur Seite stellen. Das Kartoffelpüree zubereiten (Rezept steht auf der Packung).

3 Die Beefsteaks in dünne Scheiben schneiden und kurz anbraten. Mit

Mehl bestäuben, umwenden und mit dem Speckgemüse vermischen. Die Brühe hinzugießen und mit Salz und Pfeffer abschmecken.

4 Noch einige Minuten unter gelegentlichem Wenden garen. Dann das Ganze in eine feuerfeste Form füllen und mit Majoran bestreuen, das Kartoffelpüree darüber verteilen und glatt streichen. Butter in kleinen Stücken aufsetzen.

5 Schließlich die Backform in den vorgeheizten Ofen schieben, bei 180 bis 200 °C etwa 40 Minuten backen lassen. Das Kartoffelpüree soll eine leicht braune Oberfläche bekommen.

Thymiansteak Provence

Zutaten für 2 Personen

2 dicke Schweinesteaks (zu jeweils 200 g) • 1/2 Brötchen, 1 Tag alt • 2 Knoblauchzehen • 1 EL klein gehackte Petersilie 1 EL Thymian • 1 EL Sahne • 1 Eigelb • Salz, Pfeffer Zahnstocher • 2 EL Olivenöl

Zu Steak Provence reichen Sie am besten Folienkartoffeln oder Kroketten.

1 Die Steaks in Längsrichtung aufschneiden, so dass sie eine Tasche für die Füllung bekommen.

2 Für die Füllung das Brötchen in heißem Wasser aufweichen und sorgfältig ausdrücken.

3 Die Knoblauchzehen schälen und in die Brötchenmasse pressen. Dann die Gewürze sowie die Sahne und das Eigelb hinzugeben, gut vermischen, mit Salz und Pfeffer abschmecken.

4 Die Masse in die Steaktaschen hineindrücken und mit Zahnstochern verschließen.

5 Die Steaks in eine Pfanne mit heißem Olivenöl geben und gut durchbraten.

Curryputenfleisch

Das Currygericht kann auch mit Hühnerfleisch zubereitet werden. Auch Garnelen oder Krabbenfleisch in Kombination mit einer zerschnittenen Mango ist hierfür geeignet. Letztere kommen am Ende zusammen mit der Paprikaschote in die Pfanne.

Zutaten für 4 Personen

500 g Putenfleisch • etwas Butter • 4 Zwiebeln • 3 Knoblauchzehen • 1 Stück frische Ingwerwurzel • 3 EL Pflanzenöl • 2 EL gemahlener Koriander • 1 Messerspitze Gelbwurz • 1 TL gemahlene Bockshornkleesamen
200 g Kokosmilch • 1 gelbe Paprikaschote

1 Das Putenfleisch in kleine Stücke zerschneiden, in etwas Butter braten, zur Seite stellen.

2 Die Zwiebeln abziehen und würfeln. Mit dem zerdrückten Knoblauch und der geraspelten Ingwerwurzel vermengen und im Öl 3 Minuten anbraten.

3 Anschließend die übrigen Gewürze und die Kokosmilch hinzugeben. Unter beständigem Umrühren 10 Minuten kochen lassen.

4 Die Paprikaschote entkernen, zerschneiden und hinzufügen, noch einmal 8 Minuten kochen.

5 Zum Schluss das Putengeschnetzelte hinzufügen und den Topf vom Herd nehmen. Curry mit Putenfleisch schmeckt am besten mit Reis.

Steirisches Wurzelfleisch

Zutaten für 4 Personen

400 g Karotten • 2 Kohlrabi • 1 Knolle Sellerie • 500 g Kartoffeln • 100 g Schweinebauch • 1/2 l Wasser
2 Gewürznelken • 1 Lorbeerblatt • Salz, Pfeffer
2 Zwiebeln • 2 EL Pflanzenöl

1 Karotten, Kohlrabi, Sellerie und Kartoffeln schälen, waschen und in Würfel schneiden.

2 Den Schweinebauch in kleine Stücke zerschneiden. Zusammen mit dem Gemüse in einen Topf mit kochendem Salzwasser geben.

3 Mit den Nelken und dem Lorbeerblatt würzen und etwa 20 Minuten bei mittlerer Hitze garen. Anschließend mit Salz und Pfeffer vorsichtig abschmecken.

4 Währenddessen die Zwiebeln abziehen, in Ringe schneiden und in einer Pfanne mit Pflanzenöl anbraten. Die gebräunten Zwiebelringe dann auf die einzelnen Eintopfportionen geben.

Der Schweinebauch fungiert beim Steirischen Wurzelfleisch vor allem als Geschmacksverstärker und nicht als Fleischbeilage.

Ingwerhähnchen

Zutaten für 2 Personen

2 kräftige Hähnchenbrüste • 80 ml Gemüsebrühe • Salz, Pfeffer • 4 TL frischer, geraspelter Ingwer • 1 Zwiebel 2 zerdrückte Knoblauchzehen • 80 ml kaltgepresstes Olivenöl • 80 ml Essig

1 Das Hähnchenfleisch in der Gemüsebrühe mit Salz und Ingwer in einer hohen Pfanne etwa 20 Minuten schmoren lassen, bis das Fleisch durch ist.

2 Währenddessen die Zwiebel abziehen und in Ringe schneiden.

3 Dann das Fleisch schnetzeln und zusammen mit Knoblauch, Olivenöl, Essig, Zwiebelringen, Salz und Pfeffer (nach eigenem Geschmack) in eine Schüssel geben. Gut durchmischen und mindestens 1 Tag im Kühlschrank ziehen lassen. Das Ingwerhähnchen schmeckt sehr gut zu Kopfsalat, Reis, Toastbrot oder Kroketten. Wenn Sie es scharf lieben, servieren Sie dazu Mixed Pickles aus dem Glas.

Italienische Salbeikalbsschnitzel

Zum Salbeischnitzel servieren Sie am besten einen leichten Rucolasalat mit frischen Pilzen und Parmesankäse.

Zutaten für 2 Personen

2 Kalbsschnitzel • 8 frische Salbeiblätter • Zahnstocher
2 EL Olivenöl • Salz, Pfeffer

1 Die Schnitzel der Länge nach aufschneiden und mit frischen Salbeiblättern füllen. Den Schnitt mit Zahnstochern verschließen und die Schnitzel im Öl braun anbraten.

2 Mit Salz und Pfeffer würzen. Salbeifüllungen machen Fleisch nicht nur bekömmlicher, sondern geben ihm auch eine aromatisch-frische Geschmacksnote.

Königsberger Klopse

Zutaten für 2 Personen

1 große Zwiebel • 500 g gemischtes Hackfleisch • 1 eingeweichtes Brötchen • 2 Eier • 4 TL Kapern • 1 Messerspitze Majoran • Salz, Pfeffer • 50 g Butter • 40 g Mehl
1/2 l Fleischbrühe • 100 g Sahne • 1 Eigelb • 1 EL Zitronensaft • Zucker

1 Die Zwiebel abziehen und in kleine Würfel schneiden. Dann mit dem Hackfleisch und dem Brötchen durch den Wolf drehen.

2 Die Eier, 2 Teelöffel Kapern, Majoran sowie Salz und Pfeffer nach eigenem Geschmack hinzugeben und alles gut durchkneten. Schließlich mit nassen Händen runde Klopse aus der Masse formen.

3 Die Butter in einem großen Topf auslassen, dann unter Rühren das Mehl darin hellgelb anschwitzen. Die kalte

Fleischbrühe hinzugeben, gut verrühren. Die Klopse in die kochende Sauce legen und 15 Minuten darin ziehen lassen.

4 Zum Schluss Sahne, Eigelb und die restlichen 2 Teelöffel Kapern hinzugeben. Die Sauce mit Salz, Zitronensaft und Zucker abschmecken. Königsberger Klopse werden traditionell mit Kartoffeln serviert.

Burgunder Petersilienschinken

Zutaten für 6 Personen

1 kg magerer Kochschinken • 1 Zwiebel • 1 kg Kalbsknochen 2 Gewürznelken • 6 Pfefferkörner • 1 Karotte • 2 Bund Petersilie • 2 zerdrückte Knoblauchzehen • 1 Glas herber Weißwein • 1 TL Essig • Salz

1 Den Schinken in eiergroße Stücke zerteilen, die Zwiebel abziehen und halbieren. Die Kalbsknochen mit der halbierten, mit Nelken besteckten Zwiebel, den Pfefferkörnern, der klein geschnittenen Karotte, den Petersilienstängeln sowie dem zerdrückten Knoblauch mit etwas Wasser 1 Stunde lang kochen, dabei abschäumen.

2 Den Weißwein zugießen und mit Essig und Salz abschmecken. Durch ein Sieb gießen, die Suppe aufbewahren.

3 Die Schinkenstücke mit der restlichen, klein gehackten Petersilie vermischen und die Suppe darüber gießen. Den Inhalt der Schüssel soweit zusammendrücken, bis die Flüssigkeit die Höhe des Schinkens erreicht. Das Ganze im Kühlschrank erstarren lassen. Später können Sie den »jambon persillé« wie ein Brot in Scheiben schneiden.

»Jambon persillé« eignet sich als Vorspeise und mit Vollkornbrot als leichtes Abendessen. Würzig und schmackhaft ist der Burgunder Schinken mit Bratkartoffeln.

Fischrezepte

Gelegentlicher Fischverzehr ist nicht nur gesund, sondern kann auch eine Gaumenfreude sein – wie nicht nur Freunde der mediterranen Küche wissen. Für Fischliebhaber und solche, die es noch werden wollen, sind hier einige ausgewählte Rezepte versammelt. Da Fischgerichte nach speziellen Gewürzen verlangen, finden Sie im Folgenden auch eine klassische Würzmischung sowie eine Kapernsauce, die zu allen Fischen schmeckt.

Gewürzmischung

Scharfe Fenchel-Koriander-Mischung für Fischgerichte

ZUTATEN: 2 TL Fenchelsamen, 1 gestrichener TL Koriandersamen, 1 TL schwarze Pfefferkörner, 1 TL Ajowansamen, 1 ausgepresste Knoblauchzehe, 2 EL Zitronensaft

ZUBEREITUNG: Fenchel, Koriander, Pfeffer und Ajowan zermahlen und anschließend mit Knoblauch und Zitronensaft vermischen. Die Mischung eignet sich optimal als Gewürzmarinade zu gebratenen Fischfilets.

Sauce

Kapernsauce für Fischgerichte

ZUTATEN: 1/2 l saure Sahne, 2 TL Kapern, 1 EL Zitronensaft, Salz, Pfeffer, Zucker

ZUBEREITUNG: Die saure Sahne glatt rühren, Kapern und Zitronensaft hinzufügen, sorgfältig umrühren. Mit Salz, Pfeffer und Zucker abschmecken.

Ausgewählte Fischrezepte

Aal grün mit Dill und Beifuß

ZUTATEN FÜR 4 PERSONEN: 1 kg frischer Aal, Salz, Pfeffer, 1 Zwiebel, 120 ml Wasser, 1 Glas trockener Weißwein, 50 g Butter, 1 EL gehackte Petersilie, 1 EL gehackter Dill, 1 TL Beifuß, 2 Eigelb, 1 Prise Mehl, Zitronensaft

ZUBEREITUNG: Die Aale gleich beim Einkauf abziehen und in etwa 5 Zentimeter lange Stücke schneiden lassen. Waschen und abtropfen lassen, schließlich salzen und pfeffern. Die Zwiebel abziehen und halbieren, zusammen mit dem Wasser und dem Wein aufkochen. Die Aalstücke hinzugeben und 15 Minuten bei kleiner Hitze kochen lassen. Währenddessen die Butter mit der Petersilie, dem Dill und dem Beifuß in einem Mixer zu einer Kräutercreme vermischen. Die Aalstücke aus dem Sud nehmen und warm stellen, die Zwiebelhälften herausnehmen und entfernen. Den verbleibenden Sud mit der Kräuterbutter verrühren, am besten mit einem Schneebesen. Kurz aufkochen lassen und dann von der Kochstelle entfernen. Das Eigelb mit der Prise Mehl hineinrühren und mit dem Zitronensaft abschmecken. Die grüne Sauce auf die Aalstücke gießen und als Beilage Dampfkartoffeln servieren.

Gebackenes Seelachsfilet mit Rosmarin

ZUTATEN FÜR 2 PERSONEN: 1 Zitrone, 4 Seelachsfilets, 2 Zwiebeln, 1 Karotte, Salz, Pfeffer, 3 TL zerkleinerter Rosmarin, 4 EL Olivenöl

ZUBEREITUNG: Die Zitrone auspressen und den Saft über den Fisch träufeln. Die Zwiebeln abziehen und würfeln. Die Karotte waschen und klein raspeln. Von einem Bogen Aluminiumfolie 4 Stücke abreißen und in der Mitte einölen. Die Filets salzen und pfeffern (Menge nach eigenem Geschmack) und auf die Folien legen. Die Zwiebel- und Karottenstücke sowie der Rosmarin werden zum Schluss darüber gelegt. In den vorgeheizten Ofen schieben und bei etwa 200 °C 15 Minuten backen lassen. Servieren Sie zu dem gebackenen Seelachs Salzkartoffeln, als Getränk einen milden Weißwein.

Kabeljaufilets auf Kartoffeln mit Safran

ZUTATEN FÜR 2 PERSONEN: 2 große Kabeljaufilets, 4 mittelgroße Kartoffeln, 3 EL Olivenöl, 1 ausgepresste Knoblauchzehe, Salz, Pfeffer, 100 ml Wasser, etwas Mehl, 100 ml Weißwein, 5–6 Safranfäden

ZUBEREITUNG: Die Fischfilets halbieren, die Kartoffeln in feine Scheiben schneiden. Das Olivenöl in der Pfanne leicht anwärmen und die Kartoffelscheiben mit dem Knoblauch in das Öl geben und salzen. 10 Minuten bei geringer Hitze anrösten. Sobald die Kartoffelscheiben zu bräunen beginnen, das Wasser hinzugießen und 5 Minuten kochen lassen. Die Fischfilets salzen und im Mehl wenden. Auf die Kartoffeln legen und die Pfanne verschließen. 5 Minuten später den Wein darüber gießen und die Kartoffeln pfeffern. Alles wenden und mit Safran bestreuen. Zugedeckt weitere 5 Minuten schmoren lassen. Achten Sie darauf, dass die Kartoffeln nicht am Boden ankleben. Als Beilage servieren Sie gemischten Salat, als Getränk empfiehlt sich Weißwein.

Süßspeisen

Mangofrucht mit Fenchel

Die indische Küche liebt die Kombination von süßen Früchten mit scharfen Gewürzen. Dies dient nach indischer Vorstellung der Erhaltung des Gleichgewichts unseres Stoffwechsels.

Zutaten für 4 Personen

1 Mango • 2 Orangen • 1/2 TL gemahlener Fenchelsamen
1 EL Crème fraîche • 2 EL Joghurt • 1 EL Zitronensaft • Salz
1 Prise Caynnepfeffer • 20 g geröstete Kürbiskerne

1 Die Mango schälen, das Fruchtfleisch in Spalten vom Kern lösen und würfeln. Die beiden Orangen gründlich schälen, die weiße Haut sollte möglichst komplett entfernt werden. Das Fruchtfleisch von den Zwischenhäuten lösen.

2 Die Orangenscheiben mit den Mangospalten und Fenchelsamen in eine Schüssel geben, gut durchmischen.

3 Für die Sauce Crème fraîche, Joghurt, Zitronensaft, Salz und Cayennepfeffer sähmig rühren und über die Früchte gießen. Am Schluss werden die Kürbiskerne über die einzelnen Portionen gestreut.

Kardamomcreme in Papaya

Zutaten für 2 Personen

2 Papayas • 50 ml Milch • 30 g brauner Zucker
1 gestrichener TL gemahlener Kardamom • 3 Blatt weiße Gelatine • Zitronensaft (Menge nach eigenem Geschmack)
125 g Schlagsahne

1 Die Papaya waschen, der Länge nach halbieren und entkernen. Fruchtfleisch herauslösen und pürieren. Die Milch mit Zucker und Kardamom kurz aufkochen, 10 Minuten ziehen lassen.

2 Gelatine in kaltem Wasser einweichen, dann in der Kardamommilch auflösen.

3 Die Gelatine-Milch-Mischung mit dem Papayapüree verrühren, mit Zitronensaft abschmecken und etwas abkühlen lassen.

4 Währenddessen die Schlagsahne steif schlagen. Sobald die Milch-Papaya-Masse geliert ist, die Sahne unterheben. Nochmals kalt stellen und kräftig durchrühren. Die Kardamomcreme mit einem Spritzbeutel in die Fruchthälften füllen.

Achten Sie beim Papayagericht darauf, dass Sie nur reife, weiche Früchte verwenden. Die grünen Papayas entwickeln nämlich keinen Geschmack.

Rosmarinzwieback

Zutaten für 15 Personen

etwas Butter zum Einfetten • 250 g Weizenvollkornmehl 3 Eier • 6 Eigelbe • 150 g Honig • 2 TL zerkleinerter Rosmarin • 1 EL zerkleinerter Schnittlauch

1 Das Backblech einfetten und mit etwas Mehl einstauben. Dann die Eier, Eigelbe und den Honig schaumig rühren.

2 Das Weizenvollkornmehl mit dem Rosmarin und dem Schnittlauch mischen, der Eier-Honig-Mischung zugeben und auswalzen.

3 Mit Backformen oder dem Messer die vorgesehenen Zwiebackstücke herausstechen und vorsichtig auf das Backblech heben.

4 Mit etwas Wasser bestreichen und im Ofen bei 190 °C hellbraun backen. Der Rosmarinzwieback wirkt ausgesprochen belebend. Am besten schmeckt er zu Tee, zu Kaffee ist er weniger geeignet.

Ingwer-Lebkuchen-Biskuits

Zutaten für ca. 20 Stück

150 g Honig • 50 g brauner Zucker • 25 g Butter • 1 TL gemahlener Ingwer • 1 gemahle Gewürznelke • 1 Messerspitze Zimt • 1 Messerspitze Bockshornklee • 1 Messerspitze Kardamom • 400 g Mehl • 1 Eigelb • 1 TL Natron

1 In einer Pfanne Honig und Zucker unter ständigem Rühren in der Butter erhitzen, bis die Mischung glatt ist. Sämtliche Gewürze hineingeben und abkühlen lassen.

2 2/3 des Mehls in einer Schüssel mit dem Eigelb und der Honig-Butter-Gewürz-Masse vermischen. Dann das Natron in einem Löffel warmem Wasser auflösen und hinzugeben.

3 Das restliche Mehl (etwas Mehl für das Teigglätten übrig lassen!) hineinkneten, bis ein fester Teig entstanden ist.

4 Den Teig glatt walzen, kleine Formen ausstechen und auf einem eingefetteten Backblech im vorgeheizten Ofen bei 160 °C 10 Minuten lang backen.

Apfelbrei mit Salbei

Der Apfel zählt zu den alten Hausmitteln gegen Durchfall. Zusammen mit Salbei wird diese Wirkung noch verstärkt.

Zutaten für 1 Person

2–3 süßsaure Äpfel (z. B. Jonagold) • 1 TL Honig • 1 TL zerkleinerte Salbeiblätter • 1 EL Butter • 1 Messerspitze Paprika, edelsüß

1 Die Äpfel schälen, entkernen, klein schneiden und mit etwas Wasser zu Mus zerkochen.

2 Honig, Salbei und Butter einrühren. Mit Paprika abschmecken und 10 Minuten ziehen lassen.

Indisches Apfelmus

Zutaten für 2 Personen
400 g leicht säuerliche Äpfel • 1 ungespritzte Zitrone
1 Orange • 5 Walnüsse • 3 EL brauner Rohrzucker
1/2 Stange Zimt • 1 Messerspitze gemahlener Kardamom
abgeriebene Schale von 1 ungespritzten Zitrone

1 Die Äpfel entkernen und in Achtel schneiden. Zitrone und Orange auspressen und den Saft aufbewahren, die Zitronenschale abreiben. Die Walnüsse zerkleinern.
2 Apfelstücke, Zitronensaft, Orangensaft, Zucker, Gewürze und Zitronenschale in einen Topf geben und 10 Minuten zu einem dicken Mus einkochen.
3 Vom Herd nehmen und die Walnüsse unterrühren. Vor dem Servieren abkühlen lassen.

1 Prise Kardamom reicht aus, um die negativen Folgen schwer verdaulicher oder säurelastiger Nahrungsmittel wie Fleisch, Kaffee und Kuchen aufzuheben.

Aniszwieback

Zutaten für ca. 15 Stück
etwas Butter zum Einfetten • 250 g Weizenvollkornmehl
3 Eier • 6 Eigelbe • 150 g Honig • 3 TL gemahlener Anissamen

1 Das Backblech einfetten und etwas bemehlen.
2 Dann Eier, Eigelbe und Honig schaumig rühren, das Weizenvollkornmehl mit den gemahlenen Anissamen dazumischen und auswalzen.
3 Passend große Zwiebackstücke herausstechen oder -schneiden und vorsichtig auf das Backblech heben.
4 Mit etwas Wasser bestreichen und bei 190 °C hellbraun backen.

Getränke

Anis-Süßholz-Tee gegen Husten

Zutaten für 1 Person

10 g Anissamen • 10 g Süßholz • 20 g Isländisch Moos
30 g Eibischwurzel • 30 g Huflattichblätter

Alle Kräuter miteinander vermischen. 1 Teelöffel der Mischung mit heißem Wasser übergießen, 10 Minuten zugedeckt ziehen lassen, abseihen. Trinken Sie bei Husten 3 bis 4 Tassen pro Tag.

Beifußtee gegen Appetitlosigkeit

Beifuß macht wach und unterstützt unser geistiges Potenzial, wenn wir ihn in sehr kleinen Portionen zu uns nehmen.

Zutaten für 1 Person

1 TL getrockneter Beifuß • 1 Tasse Wasser

Den Beifuß mit kochendem Wasser überbrühen und 10 Minuten zugedeckt ziehen lassen, dann abseihen. Jeweils 1 Tasse vor oder zu den Mahlzeiten trinken. Beifußtee hilft bei Appetitlosigkeit und Verdauungsstörungen.

Marokkanischer Pfefferminztee

Zutaten für 2–3 Personen

3 gestrichene TL grüner Tee (Gunpowder) • 2 frische Pfefferminzzweige oder 2 TL getrocknete Pfefferminzblätter
20 g brauner Zucker • etwa 1 l Wasser

1 Das Wasser in einem Topf zum Kochen bringen. Dann den grünen Tee in einer Kanne (300 bis 400 Milliliter) mit dem Wasser übergießen und 90 Sekunden ziehen lassen.

2 Den ersten Aufguss fortschütten. Den zweiten Aufguss 5 Minuten ziehen lassen.

3 Die Minze und den Zucker in eine Tasse geben und mit dem restlichen heißen Wasser übergießen. 3 Minuten ziehen lassen, dann abseihen.

4 Pfefferminztee und grüner Tee werden vermischt, zur Garnierung und Geschmackssteigerung kann man noch frische Pfefferminzblätter in die Tassen geben. Denken Sie daran, dass der Pfefferminztee in die Kanne mit dem grünen Tee gegossen wird. Der ursprüngliche Teeaufguss darf also die Kanne nicht ganz bis zum Rand füllen!

Gewürzpunsch mit Tee und kandiertem Ingwer

Zutaten für 4–5 Gläser

1 EL kandierter Ingwer • 2 Gewürznelken • 1 TL Kardamomkapseln • 1 kleine Zimtstange • 4 TL schwarzer Darjeelingtee • 1 l Wasser

1 Den Ingwer schälen und klein schneiden. Zusammen mit den anderen Gewürzen in 1 Liter heißes Wasser geben und 5 Minuten kochen lassen.

2 Den Sud abseihen, noch einmal aufkochen und damit den Tee aufgießen. 3 Minuten ziehen lassen und abseihen. Alternativ zu den 4 Teelöffeln schwarzen Tee können Sie auch 2 Teebeutel Darjeelingtee nehmen.

Ingwer hilft gegen stressbedingte Erregung sowie bei Antriebsschwäche und Müdigkeit. Mit Ingwer gewürzte Speisen können manches Kreislaufmittel ersetzen.

Indischer Gewürztee

In Afghanistan trinkt man gerne grünen Tee mit einem Teelöffel Kardamom gewürzt und mit Rahm verfeinert. Dies schmeckt nicht nur gut, sondern beeindruckt auch durch sein Farbenspiel.

Zutaten für 4 Personen

5 TL Assamtee • 1/2 Zimtstange • 2 Gewürznelken
1/2 l Wasser • 1/2 l Milch • Kandiszucker

Alle Zutaten in einen Topf geben und kalt aufsetzen. Zum Kochen bringen. Bei schwacher Hitze 10 Minuten kochen, abseihen. Nach Geschmack mit Kandiszucker süßen. Wer mag, kann diesen Tee mit einigen Tropfen Sahne verfeinern.

Paprikatee gegen Lern- und Konzentrationsschwäche

Zutaten für 1 Person

2 TL Darjeeling- oder Orange-Pekoe-Tee • 1 gestrichener TL Delikatesspaprika • 1 große Tasse (mindestens 250 ml) Wasser • Saft von 1/2 Zitrone
Kandiszucker

1 Den Tee zusammen mit dem Paprikagewürz mit kochendem Wasser überbrühen und 5 Minuten ziehen lassen.

2 Schließlich abseihen, mit Zitronensaft versetzen und mit Kandiszucker nach eigenem Geschmack würzen.

Schwarzer Tee mit Zimt

Zutaten für 1 Person

1 TL schwarzer Tee • 1/2 Stange Zimt • 1 Tasse (mindestens 200 ml) Wasser

Den Tee zusammen mit dem Zimt mit heißem Wasser überbrühen, 5 Minuten ziehen lassen und anschließend abseihen.

Trinken Sie davon bei Bedarf 1 oder 2 Tassen. Dieser Tee wirkt anregend auf die Psyche und auf den Kreislauf.

Das Koffein des Tees besitzt aufgrund seiner Teegerbstoffe eine weniger spontane Wirkung als das des Kaffees. Schwarzer Tee eignet sich zusammen mit dem kreislaufanregenden Zimt besonders gut zur psychisch-körperlichen Erfrischung.

Schwarzkümmel-Koriander-Tee gegen Blähungen

Zutaten für 1 Person

1 TL gequetschte Korianderfrüchte • 1 TL gemahlener Schwarzkümmel • 1 Tasse (200 ml) Wasser

Koriander und Schwarzkümmel mit heißem Wasser überbrühen, zugedeckt 10 Minuten ziehen lassen und abseihen. Trinken Sie davon nach Bedarf. Der Tee hilft gegen Blähungen.

Friesischer Teepunsch mit Zimt

Zutaten für 2 Personen

3 gehäufte TL Ostfriesentee • 1/2 l Wasser • 1/2 l Rotwein
1 Gewürznelke • 1 TL gemahlener Anis • 1/2 Stange Zimt
2 EL Zucker • 3 EL Zitronensaft • Kandiszucker

1 Tee mit kochendem Wasser überbrühen, 5 Minuten ziehen lassen und dann abseihen.

2 Mit Rotwein, Gewürznelke, Anis, Zimt und Zucker erhitzen.

3 Anschließend auf Gläser oder Tassen verteilen und mit Zitronensaft servieren. Jeder kann dann mit Kandis nach eigenem Geschmack nachsüßen.

Heiße Früchtebowle mit Kardamom

Kardamom besitzt eine anregende Wirkung auf unser Verdauungssystem und besticht durch seine leicht kühlende Wirkung.

Zutaten für 15 Gläser

6 EL schwarzer Tee • 1,5 l Wasser • 3 Orangen • 2 Grapefruits 5 Gewürznelken • 1 kleine Stange Zimt • 7 Kardamomsamen • 1 kleiner Zuckerhut (250 g) • 1 Flasche Rum, 54 Vol. %

1 Den Tee mit kochendem Wasser übergießen, 5 Minuten ziehen lassen und abseihen.

2 2 Orangen und 1 Grapefruit auspressen und den Saft auffangen. Die restlichen Früchte sauber schälen und in dünne Scheiben schneiden.

3 Den Tee mit dem Obstsaft, den Früchten und den Gewürzen in ein feuerfestes Gefäß geben und auf ein brennendes Rechaud stellen.

4 Den Zuckerhut auf einer Feuerzange über das Gefäß legen, mit etwas Rum tränken und anzünden.

5 Dann mit einer Kelle immer wieder Rum nachgießen. Die Bowle ist fertig, wenn der Zuckerhut abgebrannt ist.

Kurkuma-Mandelmus-Milch für kreative Gespräche

Zutaten für 2 Personen

500 ml frische Vollmilch • 1 Messerspitze Ingwerpulver 1 gestrichener TL Kurkumapulver • 1 EL Mandelmus 1 gestrichener TL brauner Rohrzucker

Alle Zutaten in einem Topf gemeinsam kurz aufkochen lassen und heiß servieren.

Über den Autor

Dr. Jörg Zittlau hat Philosophie, Biologie und Sportmedizin studiert. Nach langjähriger Lehr- und Forschungstätigkeit arbeitet er jetzt als freier Wissenschaftsjournalist mit den Schwerpunkten Alternativmedizin, Psychologie und Ernährung.

Literatur

Oberbeil, Klaus: Essigküche. Südwest Verlag. München 1997
Rauch-Petz, Dr. Gisela: Gesunde Nahrung ohne Gift. Südwest Verlag. München 1996
Zittlau, Dr. Jörg/Helfferich, Michael: Heilpflanzen unserer Heimat. Ludwig Verlag. München 1997
Zittlau, Dr. Jörg/Kriegisch, Dr. Norbert: Das große Buch der gesunden Ernährung. Südwest Verlag. München 1997

Hinweis

Das vorliegende Buch ist sorgfältig erarbeitet worden. Dennoch erfolgen alle Angaben ohne Gewähr. Weder Autor noch Verlag können für eventuelle Nachteile oder Schäden, die aus den im Buch gemachten praktischen Hinweisen resultieren, eine Haftung übernehmen.

Bildnachweis

AKG, Berlin: 7, 11 o., 11 u.; Bilderberg, Hamburg: 1 (Thomas Ernsting); Mauritius, Mittenwald: 83 (Reinhard); Südwest Verlag, München: 4, 78, 90 (Christian Kargl/U. S.); Tony Stone, München: 9 (Nicholas DeVore), 16 (Chuck Pefley)
Alle Freisteller stammen von Karl Newedel, München, außer: Schliak Amos, Hamburg: 30, 48, 53, 57, 63, 67, 70, 76; Kempe Dag, Sauerlach-Arget: 33

Impressum

Originalausgabe © MIIM Südwest Verlag, München. Der Südwest Verlag ist ein Unternehmen der Verlagsgruppe Random House GmbH, München.

Redaktion:
Dr. Annette Rehrl
Projektleitung:
Dr. Alex Klubertanz
Redaktionsleitung und medizinische Fachberatung:
Dr. med. Christiane Lentz
Bildredaktion:
Ute Schoenenburg
Produktion:
Manfred Metzger
Layout:
Wolfgang Lehner

Für diese Ausgabe:
Redaktion:
Martina Rözel
Herstellung:
Tara Tobias Moritzen
Umschlaggestaltung:
Peter Udo Pinzer, Eppstein
Titelbild:
© Newedel, Karl/ www.stockfood.com
Reproduktion:
Jung Medienpartner, Limburg
Druck und Bindung:
EuroGrafica, Marano

Printed in Italy

ISBN 3-8336-0448-4
www.bellavista-verlag.de

Rezepteregister